Juegos de Lectura
LECTURA EFICAZ

El robo del diamante

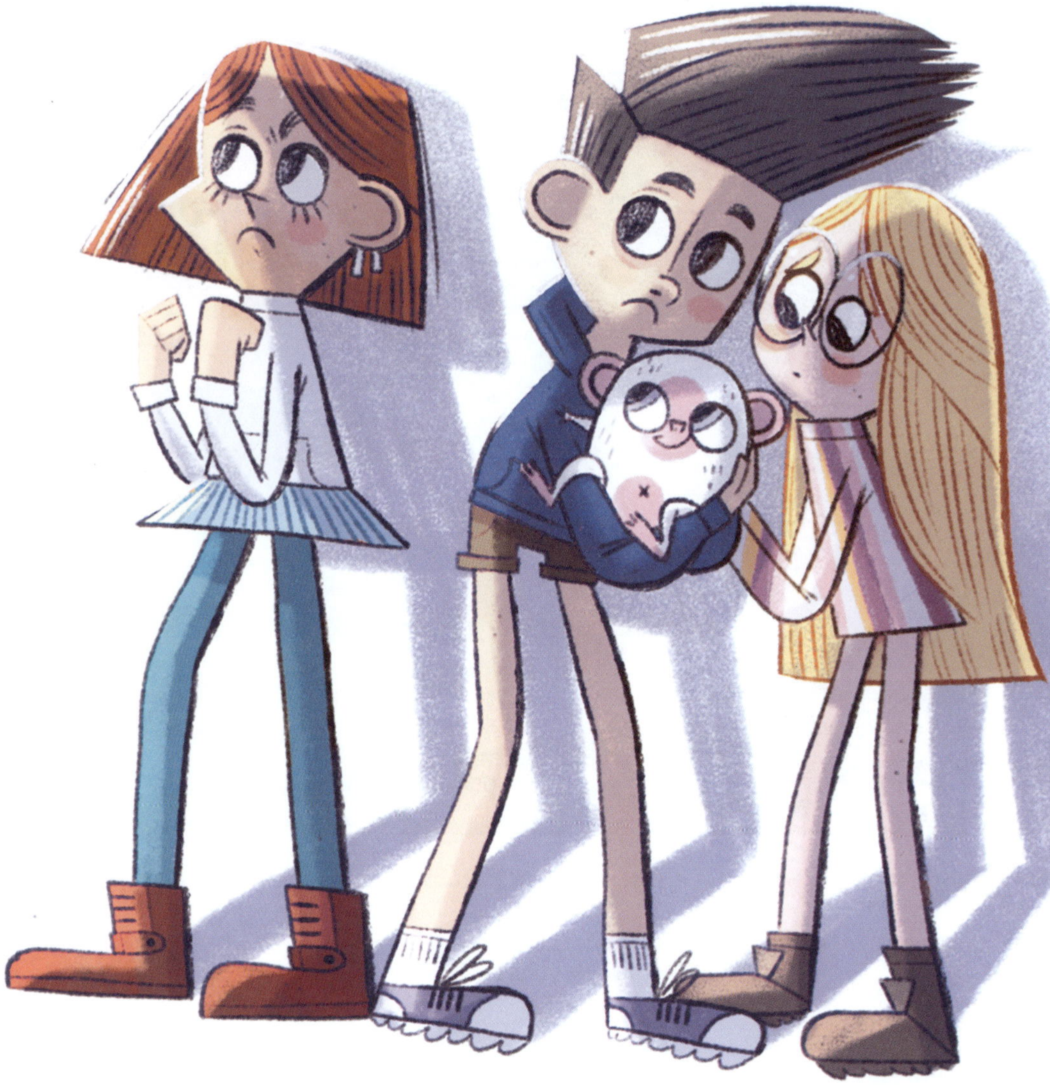

¿A QUÉ JUGAMOS?

2

SALIDA

3

Las reglas del juego

PASO **1** Leed el texto y observad atentamente la cubierta y la contracubierta de vuestro libro *El robo del diamante.*

PASO **2** Leed estas pistas para saber cómo va a mejorar vuestra lectura.

LEO Y COMPRENDO **LEO Y PIENSO**

LEO A MI ALREDEDOR **LEO EN VOZ ALTA**

→ Comprenderé todo tipo de textos.
→ Organizaré mis ideas.
→ Leeré mejor en voz alta.

CONOZCO LA LENGUA

→ Aprenderé el significado de las palabras y cómo emplearlas.

ENTRENO MI VISTA

→ Sabré concentrarme mejor.

ENTRENO MI MEMORIA

→ Reforzaré mi memoria visual.

ESCUCHO Y COMPRENDO

→ Comprenderé mejor las lecturas que escucho.

¿Qué necesitas?

→ Fichas de color para cada jugador.
→ Un dado.

¡ME GUSTA LEER!

El robo del diamante
Elvira Menéndez

1 ¿A quién quieren proteger las niñas y el niño que aparecen en la cubierta?

CONTRACUBIERTA

2 ¿Qué roban los tres ladrones?

3 ¿De qué color es Copito, el pequeño mono?

4 ¿Qué le quieren hacer los ladrones a Copito?

5 ¿Con quién tienen que enfrentarse los ladrones?

PASO 3 Tapad las pistas con una hoja de papel.

PASO 4 Organizaos en grupos de 3 o 4 participantes. Uno de vosotros arbitrará el juego y dirá si las respuestas son válidas.

PASO 5 El primer jugador tira el dado y avanza las casillas que indique (puede iniciar el juego el participante que saque el número más alto).

PASO 6
- Si cae en una casilla vacía, pierde la vez.
- Si cae en una casilla con círculo de color, tiene que explicar en qué le ayudará este tipo de actividad.
- Si cae en una casilla numerada, contestará a la pregunta sobre la cubierta y la contracubierta.

PASO 7
- Si aciertas, adelantas una casilla.
- Si fallas, retrocedes dos casillas y pasas el turno a otro jugador.

PASO 8 Gana quien llegue primero a la meta.

JUEGO 1

LEE EN SILENCIO

Puedes consultar el libro las veces que lo necesites

¡Empezamos!

Lee el capítulo 1 y, después, realiza las actividades.

→ **Se oían las sirenas de...**

a la policía.
b los bomberos.
c las ambulancias.

→ **¿Quién fue a cuidar a Mario?**

a Su abuela Constancia.
b Su abuela Consuelo.
c Su tío Anastasio.

→ **¿A dónde llevó Mario a su abuela?**

a Al baño.
b A la cocina.
c A la cama.

→ **¿Quiénes salieron de la alcantarilla?**

a Los trabajadores de la empresa de aguas.
b Los ladrones.
c Unos electricistas.

→ **¿Qué había al otro lado de la verja?**

a Un zoológico.
b Un hospital.
c Un parque de atracciones.

→ **¿Qué hizo el mono con el diamante?**

a Lo tiró al lago.
b Lo escondió.
c Se lo tragó.

→ **¿Cómo son los ladrones? Relaciona a cada uno con sus características.**

Carambolo •
Huevo Duro •
Palo Tieso •

• Alto y delgado como un espárrago.
• El más gordito de los tres.
• Más calvo que una sandía.

→ **¿Cómo se rompió Carambolo los pantalones y los calzoncillos?**

_____

_____

→ **¿Qué querían hacer con el bebé mono para recuperar el diamante?**

_____

→ **¿Cómo se llamaba el bebé mono?**

☐ Bolita de Lana.
☐ Copito de Algodón.

☐ Tarrina de Nata.
☐ Pelo de Nieve.

→ **En tu opinión, ¿qué personaje se comporta peor en la historia? ¿Por qué?**

_____

Juega con las palabras

Busca cada palabra en la página indicada del libro. Lee el párrafo en el que está para deducir su significado.

➡ **Escribe el número de cada palabra junto a su significado.**

1 **cataratas** (página 12) ⬜ Médico especialista en las enfermedades de los ojos.

2 **vaho** (página 12) ⬜ De piel y pelo de color blanco.

3 **oculista** (página 13) ⬜ Enfermedad de la vista que dificulta la visión.

4 **verja** (página 18) ⬜ Sentado como si fueses a caballo.

5 **a horcajadas** (página 19) ⬜ Piedra preciosa que destaca por su brillo y dureza.

6 **diamante** (página 21) ⬜ Vapor que despide un cuerpo.

7 **albino** (página 22) ⬜ Enrejado que cerca una propiedad.

➡ **Señala la oración en la que la palabra resaltada se utiliza correctamente.**

⬜ Aquel **oculista** hacía conjuros de ocultismo muy malos.

⬜ Le operaron de **cataratas** y recuperó toda la vista.

⬜ Practicaba el esquí **albino** a gran velocidad.

➡ **Escribe, debajo de cada viñeta, la palabra del ejercicio anterior que corresponda.**

➡ **Rodea el diamante.**

En clave

Lee el texto y elige las dos palabras que consideres más importantes para resumirlo.

> Los tres hombres que había visto salir de la alcantarilla eran ladrones. La policía los perseguía porque acababan de robar un valioso diamante.

➜ **He elegido las palabras:**

.... : porque ....

.... : porque ....

....

Encaja las piezas

Elige un grupo de palabras de cada nota para formar cuatro oraciones y escríbelas debajo.

Han salido tres Estaba medio Su abuela sabía Carambolo se ha	poner voz señores de una roto también los dormida y leía	sin energía. calzoncillos. alcantarilla. de pirata.

....

....

....

Letras repetidas

Escribe las tres letras que se repiten en cada grupo.

N	E	M	K
Q	P	H	L
D	R	J	P
M	T	N	O

L	M	G	Q
B	K	D	R
O	I	T	E
Q	B	D	W

....

X	R	T	H
W	E	U	Y
I	H	O	P
K	Ñ	X	E

Z	N	W	Ñ
F	R	Y	I
Ñ	G	U	Z
B	H	N	L

....

¿Qué sabes de la lectura en voz alta?

Marca V o F al lado de cada afirmación, según sea verdadera o falsa.

	V	F
• Cuando se lee para uno mismo se utiliza una lectura silenciosa.	☐	☐
• Cuando se lee para los demás se hace en voz alta.	☐	☐
• La postura no importa. Conviene balancearse y moverse mucho.	☐	☐
• Hay que mirar a los oyentes y captar su atención.	☐	☐
• Antes de leer en voz alta, es mejor no preparar el texto en silencio.	☐	☐

➡ **Cuando lees es voz alta lo más importante es:**

☐ Leer muy rápido.

☐ Que entiendan tu mensaje.

☐ Leer gritando mucho.

➡ **Compara las respuestas con las de tus compañeros y compañeras.**

solo con los ojos

Lee las palabras de cada etiqueta de un solo golpe de vista.

Consuelo buscó las zapatillas debajo de la cama, sacó sus gafas de la funda, se las puso, a continuación se puso la bata…, y claro, tardó tres minutos en llegar al dormitorio de su nieto.

→ **¿Cuánto tardó Consuelo en llegar al dormitorio?** _____

Lee cada pareja de palabras fijando la vista en el punto.

diez	●	mono	tapa	●	cama	nieto ● nariz	
noche	●	coche	edad	●	nieto	calvo ● brazo	
viaje	●	nieto	cuento	●	gafas	flecha ● verja	

→ **¿Qué palabra se repite tres veces?** _____

Busca en las columnas del mismo color las palabras diferentes y subráyalas.

1	2	3	4
coche	roto	noche	coto
silencio	techo	silencio	techo
aliento	albino	aliento	alpino
alcantarilla	algodón	alcantarilla	algodón
oculista	comedero	oculista	cocedero
cosa	tripa	casa	tripa
sirena	cerrojo	sirena	cerrojo
gafas	miedo	gatas	medio
hombre	verja	hombre	verja
mano	plátano	mono	plátano

→ **Responde rápidamente. En la columna 1…**

- ¿Cuántas palabras no llevan la letra **a**? ☐
- ¿Cuántas palabras terminan en **o**? ☐

El mapa del zoo

Lee el mapa del zoo y realiza las actividades.

África
1. Avestruz
2. Cebra
3. Jirafa
4. Búfalo
5. León
6. Hipopótamo
7. Elefante
8. Chimpancé
9. Rinoceronte

Australia
10. Koala
11. Canguro

Región Polar
12. Oso
13. Pingüino

América
14. Oso
15. Bisonte
16. Lobo
17. Jaguar
18. Cocodrilo
19. Tucán
20. Pelícano

Asia
21. Pavo real
22. Panda

Acuario
23. Delfín
24. Foca
25. León Marino

➜ **Indica si las siguientes afirmaciones son verdaderas (V) o falsas (F).**

	V	F
Hay animales de todos los continentes.	☐	☐
América es el continente con el mayor número de animales.	☐	☐
Los animales de Australia están entrando a la izquierda.	☐	☐
El acuario se encuentra en la parte más lejana a la entrada.	☐	☐

➜ **Escribe al lado de cada animal el continente del que procede.**

León: _____   Panda: _____

Tucán: _____   Canguro: _____

Pingüino: _____

➜ **Numera del 1 al 8 el recorrido de tu visita. Procura que sea completa.**

☐ Región polar.   ☐ Tienda.   ☐ Australia.   ☐ América.

☐ Acuario.   ☐ África.   ☐ Asia.   ☐ Entrada.

➜ **¿En qué lugares puedes hacer uso de los baños dentro del zoo?**

_____

LEE EN SILENCIO

Puedes consultar el libro las veces que lo necesites

 ¡Empezamos

Lee el capítulo 2 y, después, realiza las actividades.

→ **¿A quién pertenecía el diamante?**

a Era propiedad de un museo.
b A Cayetana, la esposa de un millonario.
c No tenía dueño.

→ **¿Con qué amenazó el ladrón a la abuela?**

a Con una pistola de juguete.
b Con una navaja.
c Con una escopeta.

→ **Marca con una cruz las dos afirmaciones que son verdaderas.**

☐ Los cuidadores del zoo no quieren nada al pequeño mono.

☐ Cayetana y su marido tenían diecisiete mansiones.

☐ El mono blanco estaba jugando en el sótano.

☐ Los tres hombres dijeron que eran policías, pero eran ladrones.

→ **Consuelo piensa que Cayetana, la dueña del diamante, se casó por...**

☐ amor.　　☐ dinero.　　☐ obligación.　　☐ casualidad.

→ **¿Cómo es Copito de Algodón? Marca seis respuestas.**

☐ Albino.　　☐ De pelo marrón.　　☐ De pelo sedoso y blanco.

☐ Con los ojos verdes.　　☐ Con ojos azules.　　☐ Despistado.

☐ Juguetón.　　☐ Listísimo.　　☐ Simpático.　　☐ Violento.

→ **¿Qué le dijo Daniela a Mario por teléfono?**

....

....

→ **El cuidador del zoo mintió a la policía al decir que se había peleado con los ladrones. ¿Estás de acuerdo con su comportamiento?**

☐ Sí　☐ No

¿Qué le dirías? ....

....

....

Juega con las palabras

Busca cada palabra en la página indicada del libro. Lee el párrafo en el que está para deducir su significado.

➡️ **Escribe al lado de cada definición la palabra que corresponda.**

mansión (página 28)	**vigilante** (página 31)	**tuerta** (página 36)	**digestión** (página 36)	**sumario** (página 36)	**pensión** (página 36)

● Persona sin vista en un ojo. _____

● Cantidad periódica que paga la Seguridad Social. _____

● Proceso dentro del aparato digestivo. _____

● Casa grande. _____

● Conjunto de actuaciones para preparar un juicio. _____

● Persona que observa algo con atención. _____

Texto numerado

Lee este texto numerado.

1 Imagino que los
2 ladrones habían
3 tratado de esconder
4 el diamante en
5 la jaula de Copito,
6 pero el mono debió
7 de tragárselo. Porque
8 cuando llegué, uno
9 de ellos estaba a
10 punto de abrirle la
11 tripa con un cúter.

12 Entré en la jaula
13 y me enfrenté
14 valientemente
15 con los tres. Después
16 de una dura pelea,
17 en la que tuve que
18 emplearme a fondo,
19 logré que soltaran
20 a Copito, pero al
21 ver la puerta abierta,
22 el mono se escapó.

➡️ **¿En qué líneas aparecen las siguientes palabras?**

pelea: _____ diamante: _____ jaula: _____ tripa: _____ puerta: _____ ladrones _____

➡️ **¿En qué renglones están las respuestas a estas preguntas?**

☐ ¿Qué hizo Copito al ver la puerta abierta?

☐ ¿Cómo se enfrentó el vigilante a los ladrones?

Verdadero o falso

Vuelve a leer el texto de la página anterior.

 Indica si las siguientes afirmaciones son verdaderas (V) o falsas (F).

	V	F
Los ladrones trataron de esconder el diamante en la jaula.	☐	☐
El mono escondió el diamante dentro de un plátano.	☐	☐
Los ladrones querían abrir la tripa del mono.	☐	☐
El cuidador del zoo se alejó de los ladrones para no enfrentarse a ellos.	☐	☐
Copito se escapó al ver la puerta abierta.	☐	☐

En resumen

Marca con una x el resumen que te parezca más apropiado para este texto.

A la mañana siguiente, mientras el desayuno de su nieto daba vueltas en el microondas, Consuelo encendió el televisor de la cocina. En la pantalla apareció un presentador de sonrisa escayolada.

«¡Informamos de que esta noche han robado el diamante más caro del mundo! El marqués Van Dido Di Monti se lo regaló el día de su boda a Cayetana Aspís, su joven y bella esposa».

El desayuno se calienta en el microondas, mientras en la tele informan de un pequeño robo sin importancia.

La joven esposa del marqués se dirige a la policía para denunciar el robo de un diamante que le acababa de regalar su marido.

En la televisión informan del robo de un diamante muy caro, propiedad de Cayetana, la mujer de un marqués.

Al revés

Relaciona las palabras de la columna A que están escritas a la inversa en la B.

¡Fíjate en el ejemplo!

A		B
A. nieto		odiram
B. cocina		adob
C. noche		atsip
D. regalo		olager
E. marido		ehcon
F. calva		avlac
G. boda	A	otein
H. pista		anicoc

A		B
A. grito		retúc
B. jaula		aleuba
C. cúter		odajet
D. albino		onibla
E. árbol		aluaj
F. tejado		aelep
G. abuela		otirg
H. pelea		lobrá

¿Cómo pronuncias?

Practica con estos trabalenguas para mejorar tu pronunciación.

→ Prepáralos en voz alta antes de leerlos en silencio.

Tres tristes tigres comen trigo en un trigal. ¿Cuántos tigres comen trigo en un trigal? Tres.

En el zoológico de la ciudad, hay un elefante gigante que con su trompa vibrante levanta una pelota brillante.

Un cocodrilo le dijo a Copito: qué ojos más bonitos tienes. Copito le respondió: los tuyos también son bonitos, pero no te los ves.

Autoevaluación

¿Pronuncias correctamente el texto para que te entiendan con claridad?

Valóralo del 1 al 10

1 2 3 4 5 6 7 8 9 10

Solo con los ojos

Lee el texto saltando de la columna izquierda a la derecha.

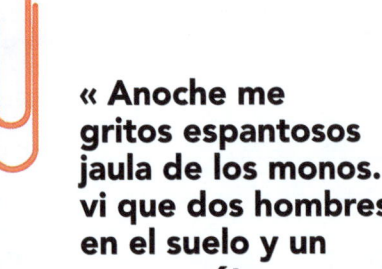

« Anoche me
gritos espantosos
jaula de los monos.
vi que dos hombres
en el suelo y un
con un cúter

despertaron unos
que venían de la
Cuando me acerqué,
sujetaban a un monito
tercero se acercaba
en la mano ».

➡ **¿De dónde venían los gritos espantosos?**

....

Lee cada pareja de palabras fijando la vista en el punto.

nieto ● joven

cocina ● sonrisa

regalo ● marido

modelo ● mansión

listo ● nieto

puerta ● abuela

antena ● ventana

blanco ● albino

nieto ● suelo

➡ **¿Qué palabra se repite dos veces?**

....

Escribe las palabras que se repiten en cada columna y el número de veces que lo hacen.

A	
esposa	cocina
pantalla	mayor
cocina	nieto
señor	marido
cocina	nieto
pista	regalo
nieto	esposa
mano	árbol

B	
suelo	último
blanco	albino
mono	jaula
jaula	pistola
selva	jaula
blanco	bastón
abuela	albino
blanco	pelea

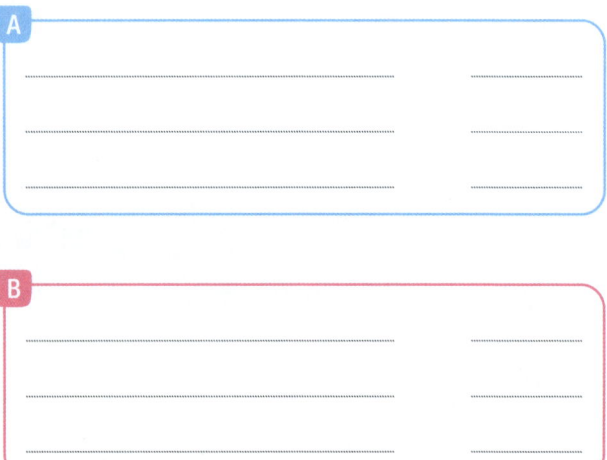

A

B

Una noticia

Lee detenidamente esta noticia y realiza las actividades.

LAS NOTICIAS

25 de abril	Edición diaria

Roban el diamante más caro del mundo

Esta noche se ha producido el robo del diamante más caro del mundo en la mansión del millonario marqués Van Dido Di Monti. Esta valiosa piedra preciosa fue un regalo a su joven y bella esposa, Cayetana Aspís, el día de su boda.

«No lo siento tanto por el impresionante valor del diamante, sino por ser un regalo de mi querido marido», ha declarado la marquesa Di Monti. La famosa pareja cuenta con un gran patrimonio, entre el que destacan diecisiete mansiones y catorce coches.

La policía ha iniciado una exhaustiva investigación. El primero en ser interrogado ha sido el cuidador del zoo local, que ha manifestado haber visto a los ladrones en la jaula de un pequeño mono albino. Este testigo relató a los periodistas de la televisión cómo se enfrentó a los ladrones y la forma en que el mono se escapó con el diamante.

➡ **Indica si las siguientes afirmaciones son verdaderas (V) o falsas (F).**

	V	F
• Han robado un rubí valiosísimo.	☐	☐
• Cayetana es la esposa de un marqués millonario.	☐	☐
• Cayetana es muy mayor y no está preocupada por el robo.	☐	☐
• El cuidador del zoo cuenta que se enfrentó a los ladrones.	☐	☐

➡ **¿A quién ha interrogado la policía en primer lugar?**

☐ A Cayetana.   ☐ A la cocinera.   ☐ Al cuidador del zoo.
☐ Al marqués.   ☐ Al joyero.   ☐ A un periodista.

➡ **Numera del 1 al 4 estas informaciones, según el orden en el que aparecen en la noticia.**

☐ La policía investiga.   ☐ Se ha producido un robo.
☐ Interrogan al cuidador del zoo.   ☐ Cayetana, la dueña, da su opinión.

➡ **¿Cuándo le regaló el marqués a Cayetana el valioso diamante?**

➡ **¿Qué información de la noticia te parece más importante?**

LEE EN SILENCIO

Puedes consultar el libro las veces que lo necesites

¡Empezamos!

Lee el capítulo 3 y, después, realiza las actividades.

→ **¿Dónde estaba bailando Copito cuando los ladrones registraron las casas?**

a En el portal.
b En la antena.
c Encima de la cama de Daniela.

→ **¿A dónde quieren llevar a Copito?**

a Al colegio.
b Al zoo.
c A la policía.

→ **¿Cómo metió Mario a Copito en la mochila?**

a Atado y con los ojos tapados.
b Echó dentro su almuerzo.
c Le prometió un kilo de plátanos.

→ **Mario piensa que les siguen...**

a cinco osos grises.
b tres pingüinos verdes.
c tres osos naranjas.

→ **Marca con una cruz las dos afirmaciones que son verdaderas.**

☐ Mario y Daniela esconden a Copito en la mochila.

☐ La abuela Consuelo nunca le preparaba el almuerzo a Mario.

☐ Daniela quería echar purpurina rosa en el pelo de Copito.

☐ Daniela quiere dar un baño con espuma a Copito.

→ **Numera del 1 al 4 estas situaciones según el orden en el que suceden.**

☐ Daniela pide ayuda a sus compañeros.

☐ Mario se reúne con Daniela para ir al colegio.

☐ Meten a Copito en una mochila.

☐ Parece que unos osos siguen a los niños.

→ **Indica si cada una de estas afirmaciones es una opinión (O) o un hecho (H).**

	O	H
• Mario cree que el conserje no les dejará entrar con el mono.	☐	☐
• Llevan a Copito dentro de una mochila con ruedas.	☐	☐
• Mario piensa que les siguen unos osos naranjas.	☐	☐
• Daniela explica lo que ocurre a sus compañeros.	☐	☐

→ **Daniela pide ayuda a sus compañeros y todos acuden para proteger a Copito. ¿Qué hubieses respondido en esa situación?**

_____

_____

Juega con las palabras

Busca cada palabra en la página indicada del libro. Lee el párrafo en el que está para deducir su significado.

➡ **Marca con una cruz el cuadro con el significado correcto.**

- **tendedero** (página 37)
  - ☐ Dependiente de una tienda.
  - ☐ Sitio donde se tiende la ropa.

- **cursi** (página 39)
  - ☐ Que simula ser elegante.
  - ☐ Curso pequeño.

- **mandona** (página 38)
  - ☐ Cuadro de mujer.
  - ☐ Persona que manda mucho.

- **bocado** (página 40)
  - ☐ Mordedura con los dientes.
  - ☐ Parte superior de la boca.

- **conserje** (página 38)
  - ☐ Persona que cuida de un edificio.
  - ☐ Persona que está de acuerdo.

- **portal** (página 40)
  - ☐ Parte lateral de una portería.
  - ☐ Puerta principal de una casa.

➡ **Elige una palabra del ejercicio anterior de la que no conocías su significado o te parezca difícil. Escribe una oración con ella.**

....

....

➡ **Señala las oraciones en las que las palabras resaltadas se utilizan correctamente.**

- ☐ Me comí una **mandona** muy ácida.
- ☐ El **conserje** tenía las llaves de todo el edificio.
- ☐ Eché **cursi** a la ensalada y tenía muy buen sabor.

➡ **Escribe, debajo de cada viñeta, la palabra del ejercicio anterior que corresponda.**

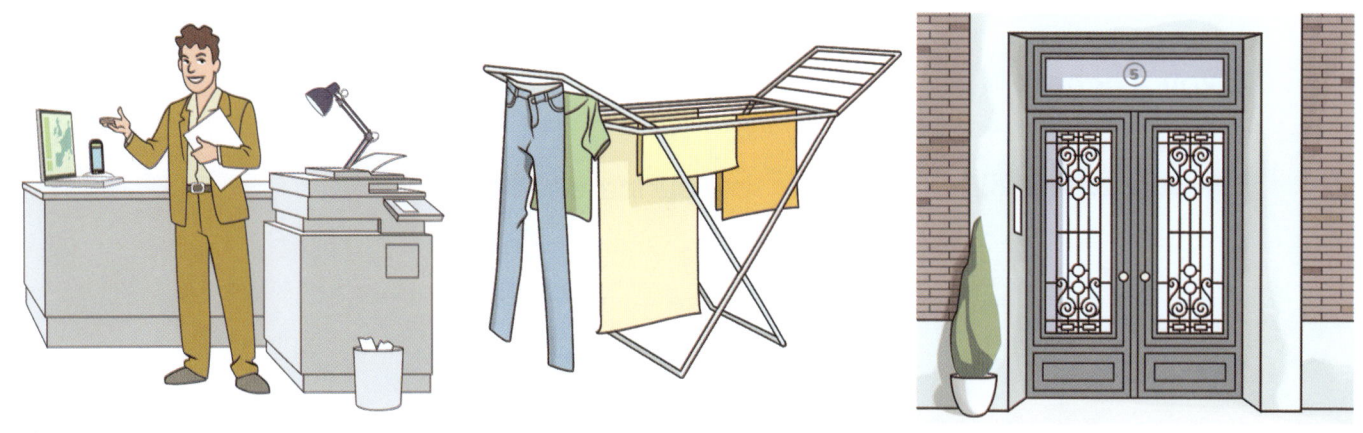

Sigue las pistas

Lee las pistas y averigua cuál de estas mochilas es la de Daniela.

Pistas

Es azul. Lleva ruedas. Tiene el asa levantada.

Lleva un sol amarillo.

A B C D E

→ La mochila de Daniela es la que lleva la letra: ....

Encaja las piezas

Elige un grupo de palabras de cada columna y forma cuatro oraciones. Escríbelas debajo.

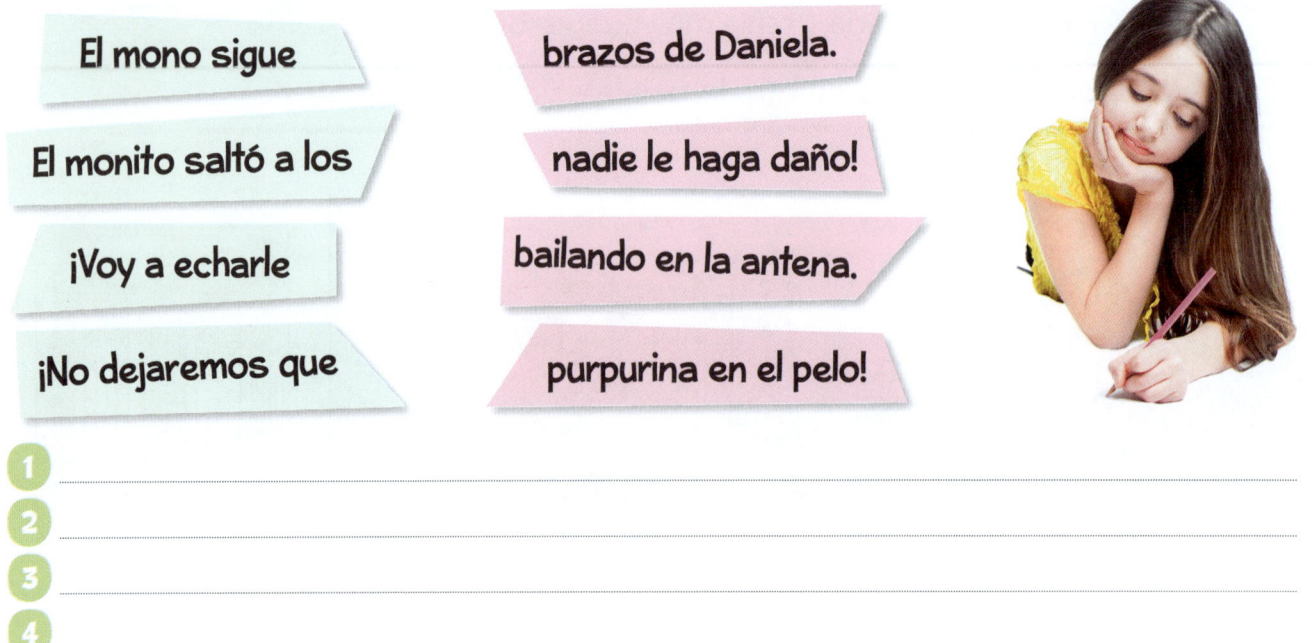

El mono sigue

El monito saltó a los

¡Voy a echarle

¡No dejaremos que

brazos de Daniela.

nadie le haga daño!

bailando en la antena.

purpurina en el pelo!

1 ....

2 ....

3 ....

4 ....

¡Mucha atención!

Escribe cuántas veces se repiten las letras o los números indicados en cada recuadro.

1	4	0	6	8	9
9	2	3	5	0	1
8	5	1	2	6	7
3	7	0	8	5	2
7	2	6	4	3	9

Número	Repeticiones
2	
6	
4	
8	

Letra	Repeticiones
m	
ñ	
n	
w	

n	q	w	e	r	n
d	f	g	m	h	w
ñ	j	k	ñ	l	z
x	c	n	w	v	ñ
w	b	t	y	m	u

¿Usas el volumen adecuado?

Lee cada línea del texto con la intensidad indicada.

normal	Fue fácil convencer a Copito de Algodón
bajo	para que bajara de la antena.
alto	Bastó con enseñarle un plátano de plástico
normal	de Mérida, la hermana pequeña de Daniela.
muy alto	El monito saltó a los brazos de Daniela
muy bajo	y comenzó a roer el plátano
normal	de plástico que ella sujetaba en la mano.
bajo	—¡Qué precioso es, Mario! ¡Me encanta!
alto	¡Tiene una pelusa tan suavecita!
normal	—Creo que tiene hambre, Daniela.

Autoevaluación

¿Utilizas un **volumen adecuado** para que todos puedan escucharte?

Valóralo del **1** al **10**

1 2 3 4 5 6 7 8 9 10

Solo con los ojos

Lee las palabras de cada recuadro de un solo golpe de vista.

En el portal, los niños trataron de meter a Copito en la mochila, pero el monito se lio a mordiscos con ellos hasta que Daniela se enfadó y le dio un bocado en una oreja. —No lo muerdas, Daniela, ¡pobrecito!

➡ **¿Qué le dio Daniela a Copito?** _____

Lee cada pareja de palabras fijando la vista en el punto.

osito ● poder	pizza ● portal	pizza ● portal
cine ● casa	caso ● cine	caso ● cine
plan ● piso	tienda ● dormir	tienda ● dormir

➡ **¿Qué palabra se repite tres veces?** _____

Lee el texto y subraya en el texto de abajo las palabras que han cambiado.

Aurora, una compañera con la que solían encontrarse camino del colegio, al oír los chillidos del mono, se asomó al interior del portal.

Mario y Daniela le explicaron que lo iban a esconder en el colegio porque unos ladrones lo perseguían para abrirle la tripa.

Aurora, una amiga con la que solían juntarse camino del colegio, al escuchar los gritos del mono, se asomó al interior del recibidor.

Mario y Daniela le dijeron que lo iban a ocultar en el colegio porque unos bandidos lo perseguían para cortarle la tripa.

La ficha informativa de un animal

Lee con atención la ficha del bonobo y realiza las actividades.

El bonobo

El bonobo es un primate que tiene el cuerpo cubierto de pelo largo de color negro; solo la cara y las palmas de las manos carecen de pelo. Suele vivir en grupos pequeños de no más de 6 integrantes.

Tamaño: entre 1 y 1,20 m de altura. La hembra es más pequeña que el macho.

Peso: 39 kg de promedio.

Nutrición: una dieta variada que consiste en frutas, hojas, raíces, tubérculos y semillas. También consume gusanos y termitas.

Hábitat: el bosque tropical.

Distribución geográfica: África Central.

Locomoción: se mantiene sobre las cuatro extremidades, aunque suelen andar erguidos. Es ágil trepando los árboles.

➜ **Indica si las siguientes afirmaciones son verdaderas (V) o falsas (F).**

	V	F
Los bonobos miden menos de un metro.	☐	☐
Los machos son más grandes que las hembras.	☐	☐
Estos primates viven en grupos pequeños.	☐	☐
Siempre caminan sobre las cuatro extremidades.	☐	☐

➜ **¿Qué zonas de su cuerpo no tienen pelo?**

☐ La espalda.   ☐ La cara.   ☐ Las piernas.   ☐ Las palmas de las manos.

➜ **¿En qué continente viven los bonobos?**

☐ América.   ☐ Asia.   ☐ Europa.   ☐ África.   ☐ Oceanía.

➜ **Escribe al menos tres alimentos de su dieta.**

_____

_____

Organiza las ideas

Fíjate en esta oración.

concepto central

conceptos principales

Según su origen, las piedras se dividen en preciosas y semipreciosas.

palabras de enlace

¡Ahora tú!

→ Rodea con un círculo rojo el concepto central y con un círculo azul los conceptos principales. Subraya las palabras de enlace.

Las propiedades más destacadas de las gemas son belleza, durabilidad y rareza.

→ Completa con estas ideas este gráfico..

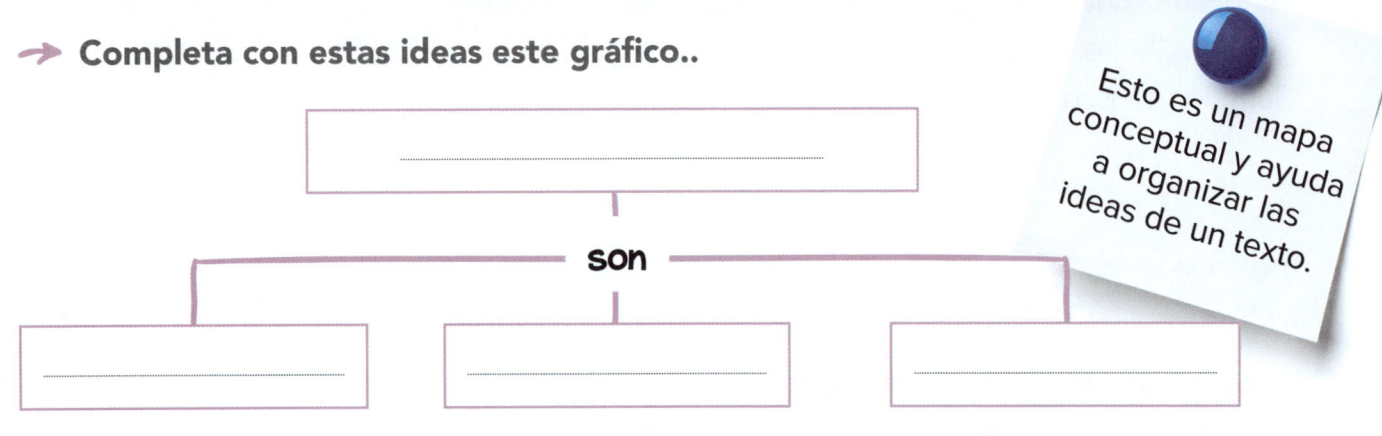

son

Esto es un mapa conceptual y ayuda a organizar las ideas de un texto.

... al revés

→ Escribe el texto que corresponda a las palabras del gráfico.

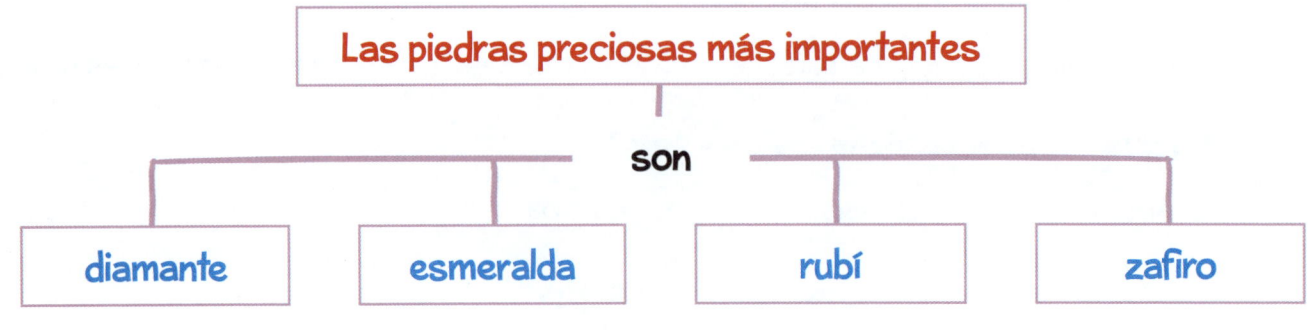

Las piedras preciosas más importantes

son

diamante   esmeralda   rubí   zafiro

El texto está
en las páginas
17 a 21 del libro

¡Ladrones en el zoo!

**Presta mucha atención al texto que vas a escuchar.
Luego, realiza las actividades.**

→ **¿Cómo llamaban al ladrón
que era el jefe?**

a Palo Tieso.
b Palo Torcido.
c Palillo.

→ **¿Qué apodo tenía el ladrón calvo?**

a Pelota.
b Huevo Duro.
c Huevo Frito.

→ **¿Qué se rompió Carambolo
al saltar la verja?**

a Los zapatos.
b Los pantalones y los calcetines.
c Los pantalones y los calzoncillos.

→ **¿Hacia dónde huyeron los ladrones?**

a Fuera del zoo.
b Hacia el interior del zoo.
c En dirección a la comisaría.

→ **Marca las dos afirmaciones que son verdaderas.**

☐ Los ladrones se escondieron en el zoo.

☐ Los hombres que salieron de la alcantarilla eran policías.

☐ Los coches de policía llegaron al zoo en silencio y sin sirenas.

☐ Al otro lado de la verja se encontraba un zoológico.

→ **Relaciona cada personaje con su nombre.**

No puedo dar un paso más, Rigoberto. •

¡Baja de ahí, que ya vienen! •

Carambolo se ha roto también los calzoncillos, jefe. •

• Palo Tieso, el jefe.

• Huevo Duro.

• Carambolo.

→ **¿De quién huían los tres hombres?**

→ **Numera del 1 al 4 lo que hacen los tres hombres en la historia
que has escuchado.**

☐ Ven la verja de un zoo.

☐ Entran en el zoo.

☐ Huyen de la policía.

☐ Saltan la verja.

→ **Inventa un nuevo título para el texto que has escuchado.**

 JUEGO 4

 LEE EN SILENCIO

Puedes consultar el libro las veces que lo necesites

¡Empezamos!

Lee el **capítulo 4** y, después, realiza las actividades.

➜ **¿Qué le hizo Daniela al mono por comerse sus chuches?**

- a Castigarlo.
- b Cosquillas.
- c Comprarle más chuches.

➜ **¿Con qué amenazó la maestra a los alumnos si volvían a chillar?**

- a Con dejarlos sin recreo.
- b Con suspenderlos.
- c Con salir de clase más tarde.

➜ **¿Qué recibió Daniela al meter la mano en la mochila?**

- a Un mordisco terrible.
- b Una chuche.
- c Un aplauso.

➜ **¿Cómo fueron al baño los alumnos?**

- a De uno en uno.
- b De cuatro en cuatro.
- c De tres en tres.

➜ **Marca las dos afirmaciones que son verdaderas.**

- ☐ Carmen, la maestra, castigó a toda la clase sin recreo.
- ☐ Ninguno de los alumnos y las alumnas quería ir al baño.
- ☐ Aurora metió tres caramelos en la mochila.
- ☐ Copito solo chillaba mientras comía.

➜ **Numera del 1 al 4 estas situaciones según el orden en el que suceden.**

- ☐ Toda la clase grita.
- ☐ Los niños piden ir al baño.
- ☐ La maestra los castiga.
- ☐ Daniela le hace cosquillas a Copito.

➜ **Relaciona a cada personaje con la frase que dice.**

Daniela •　　　• ¡¡¡JIU, JIU, JIU!!!

Mario •　　　• Creo que ha encontrado mis chuches.

Maestra •　　　• Los monos son muy listos.

Copito •　　　• ¡Os habéis quedado sin recreo!

➜ **¿Por qué se puso toda la clase a imitar al mono?**

_____

_____

➜ **Comentad qué os ha parecido ese comportamiento.**

Juega con las palabras

Busca cada palabra en la página indicada del libro. Lee el párrafo en el que está para deducir su significado.

➡ **Escribe el número de cada palabra junto a su significado.**

1 **membrillo** (página 44)

2 **compartimento** (página 44)

3 **crujido** (página 44)

4 **amenaza** (página 45)

5 **lona** (página 45)

6 **chillar** (página 45)

7 **buenaza** (página 49)

☐ Tela gruesa y fuerte.

☐ Ruido de las cosas al rozarse o romperse.

☐ Dar voces o gritos.

☐ Parte en la que se ha dividido un espacio.

☐ Conserva de frutas.

☐ Persona pacífica y bonachona.

☐ Dar a conocer un mal contra alguien.

Sopa de letras

Busca los nombres en la sopa de letras. Pueden leerse del derecho o del revés.

G	O	M	I	N	O	L	A
F	L	O	S	M	O	N	O
R	A	B	U	E	L	A	S
U	A	C	H	I	C	L	E
T	N	O	S	S	O	N	U
A	O	L	I	S	T	O	Q
S	M	O	C	H	I	L	A
O	L	E	M	A	R	A	C

Gominola

Chicle

Queso

Abuela

Mona

Fruta

Caramelo

Mochila

➡ **Forma la frase que le dijo Mario a Daniela con las letras que han sobrado.**

• Le dijo: _____

A ver si recuerdas

Recuerda las palabras que has encontrado en la sopa de letras y tacha las que no aparecen.

fruta   lechuga   judías   gominola   caramelo

membrillo   queso   chicle   manzana   sandía

Observa durante un minuto los comestibles representados. Luego, tápalos y escribe el nombre de los que recuerdes.

Palabras clave

Lee el texto y subraya las dos palabras que consideres más importantes para resumirlo.

Aurora llevaba tres caramelos en el bolsillo del chándal y los metió rápidamente en la mochila donde estaba Copito.

Gracias a eso el monito se calló.

➔ Sin mirar el texto y usando las palabras que has subrayado, cuenta el resumen al resto de la clase.

¡Mucha atención!

Busca en el recuadro, lo más rápido que puedas, la solución a las preguntas que tienes debajo.

→ **¿Qué número se repite tres veces?** _____

→ **¿Qué número se repite dos veces?** _____

→ **¿Qué número no aparece?** _____

→ **¿Qué letras se repiten?** _____

¿Cuidas la velocidad?

Prepara la lectura en silencio. Luego, léelo en voz alta.

→ Debes leer muy rápido las palabras en negrita y muy despacio, las subrayadas.

—**¿Puedo ir al baño,** profe? Es que <u>me hago… pis.</u>
—¡Y yo, y yo, y yo! –dijeron <u>sus compañeros.</u>
—**¿Se puede saber qué os pasa?** ¿Por qué os ha dado <u>a todos por ir al baño?</u>
—Bueno, **os permito ir al baño,** <u>pero de uno en uno.</u>
—**Hay tres baños** en este <u>lado del pasillo,</u> profe.
—Pues id de tres en tres. **¡Pero volved enseguida!** <u>¡Que estáis castigados!</u>

AUTOEVALUACIÓN

¿Tu **velocidad lectora** es la adecuada para que tu mensaje se escuche con claridad?

Valóralo del 1 al 10 →

| 1 | 2 | 3 | 4 | 5 | 6 | 7 | 8 | 9 | 10 |

Solo con los ojos

Lee las palabras de cada recuadro de un solo golpe de vista.

Durante   la siguiente   hora de clase,

el mono   no dijo   ni pío,   pues estaba

muy ocupado   comiéndose la fruta   y el queso

con membrillo   que la abuela   Consuelo

había preparado   para Mario.

➡ **¿Qué comía el mono?**

Lee cada pareja de palabras fijando la vista en el punto.

hora	●	niña		bolsa	●	chillar		baños	●	bolsa
fruta	●	bolsa		pizarra	●	chuche		chicle	●	mochila
lona	●	boca		concurso	●	mordisco		maestra	●	piernas

➡ **¿Qué palabra está tres veces?** _____

¿Cuántas veces se repite la primera palabra de cada serie?

boca	foca, boca, horca, roca, moca, boca, poca, baca, beca, broca, boca, boda, boca, boga, broma, boca, bruma, boca, bola, besa.	⬜
lona	doña, mona, lona, nana, lona, lana, lino, lona, lupa, loca, lona, lodo, losa, lona, lana, lapa, lona, lana, lona, tono.	⬜
baño	caño, daño, baño, año, paño, baño, cano, bajo, baño, beso, daño, baño, puño, bobo, baño, vaso, vino, baño, año, bajo.	⬜
mano	mono, mazo, marro, mago, mano, majo, manso, mano, cano, ganso, mano, rana, sano, mano, mira, mico, mido, mano, mono, manso.	⬜

Normas de convivencia

Lee con atención estas normas de clase y realiza las actividades.

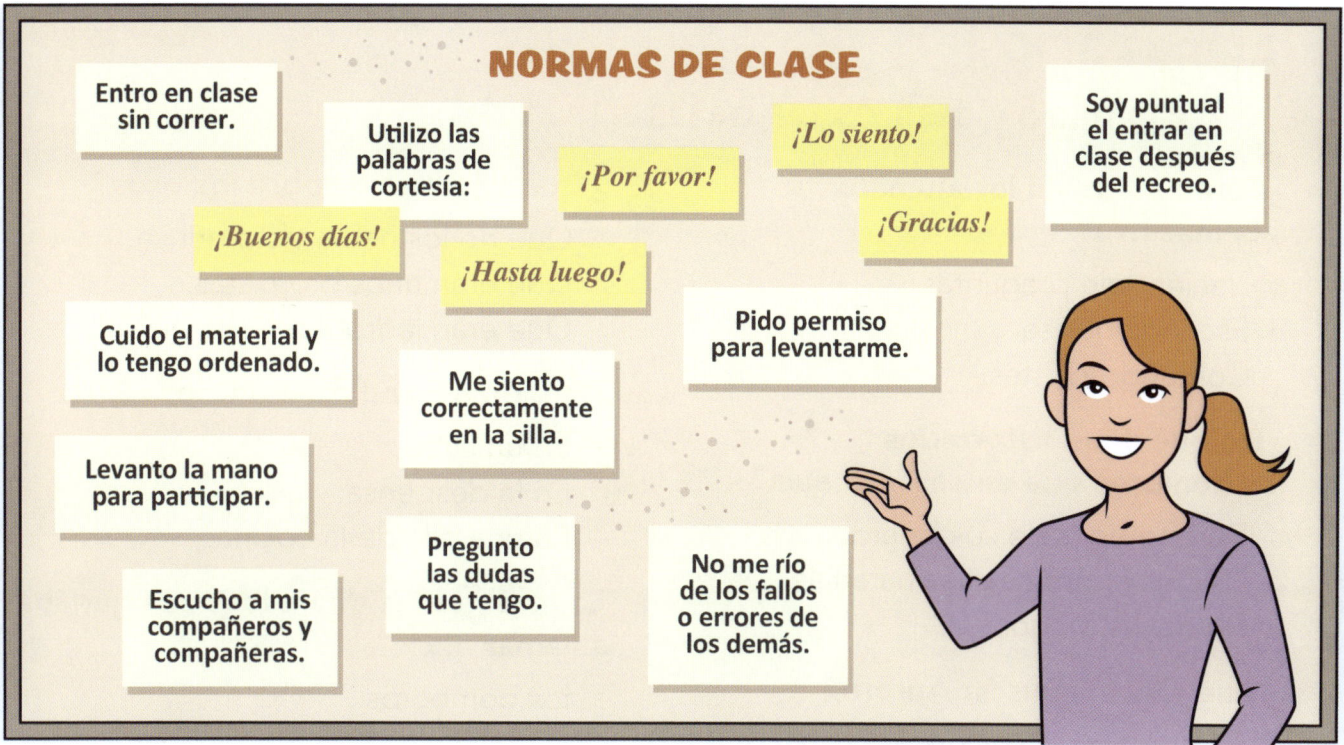

→ **Señala si las siguientes afirmaciones son verdaderas (V) o falsas (F).**

V F

- En clase entro corriendo para no perder tiempo. ☐ ☐
- Pido siempre permiso para sentarme. ☐ ☐
- Tengo una postura correcta en la silla. ☐ ☐
- Para participar levanto la mano. ☐ ☐

→ **¿Qué haces si tienes una duda?**

☐ La soluciono en casa.   ☐ Pregunto al profesor.

☐ Me copio del compañero.   ☐ Me callo.

→ **Explica a los demás tu elección.**

→ **¿Qué dos normas consideras para ti las más importantes?**

....

....

→ **¿Qué utilidad puede tener cumplir unas normas como estas?**

....

¡Empezamos!

Lee el capítulo 5 y, después, realiza las actividades.

→ **¿Cómo distraían los alumnos a la maestra?**

a Haciéndole preguntas.

b Escondiéndose.

c Contando chistes.

→ **¿De qué iban disfrazados los hombres que entraron al aula?**

a De hormigas de color verde.

b De tres enormes osos naranjas.

c De Reyes Magos.

→ **¿Qué entró a buscar Aurora?**

a Dos pelotas de baloncesto.

b Una comba.

c Un ordenador.

→ **¿Qué dijo Mario sobre los osos?**

a Que no los había visto nunca.

b Que eran unos bromistas.

c Que eran ladrones.

→ **¿Dónde escondieron a Copito?**

a En un cubo.

b En la despensa.

c En una olla de la cocina.

→ **La maestra les dijo a los osos que iba a llamar a...**

a los bomberos.

b la policía.

c sus madres.

→ **Numera del 1 al 4 estas situaciones según el orden en el que suceden.**

☐ La maestra dice que va a llamar a la policía.

☐ Los tres osos naranjas entran en la clase.

☐ Mario, Daniela y Aurora salen de clase con Copito en la mochila.

☐ Esconden a Copito dentro de una olla.

→ **Lee las siguientes afirmaciones y diferencia las que son una opinión (O) o un hecho (H).**

	O	H
• Mario piensa que Aurora busca un escondite para Copito.	☐	☐
• Aurora cree que Copito entiende todo lo que le habla.	☐	☐
• La maestra dice a los niños que hagan unas multiplicaciones.	☐	☐
• Atan las asas de la olla con la comba para que no se pueda abrir.	☐	☐

→ **¿Dónde hubieras escondido tú a Copito?**

_____

Juega con las palabras

Busca cada palabra en la página indicada del libro. Lee el párrafo en el que está para deducir su significado.

➡ **Señala el significado correcto de cada una.**

- **comba** (página 51)
  - ☐ Familiarmente, compañero.
  - ☐ Cuerda para jugar.

- **cerrojo** (página 51)
  - ☐ Barra que sirve para cerrar puertas y ventanas.
  - ☐ Color entre el rojo y el granate.

- **atufando** (página 54)
  - ☐ Añadiendo trufas a un guiso.
  - ☐ Echando un olor insoportable.

- **ventilar** (página 54)
  - ☐ Hacer correr el aire en algún sitio.
  - ☐ Hacer un viento tormentoso.

- **racimo** (página 55)
  - ☐ Persona poco trabajadora, vaga.
  - ☐ Conjunto de uvas en el mismo tallo.

- **escandaloso** (página 57)
  - ☐ Natural de Escandinavia.
  - ☐ Que causa mucho ruido y alboroto.

- **secuestrar** (página 60)
  - ☐ Retener a la fuerza a una persona.
  - ☐ Colocar en un orden establecido.

➡ **Completa las oraciones con palabras de la actividad anterior.**

- Para .... una habitación, hay que abrir las puertas y ventanas.
- En público suele tener un comportamiento ....
- Han detenido a un delincuente que llegó a .... a cinco personas.

➡ **Escribe, debajo de cada fotografía, la palabra que corresponda de la actividad anterior.**

....

Palabra intrusa

Tacha la palabra que no corresponde al sentido de las oraciones.

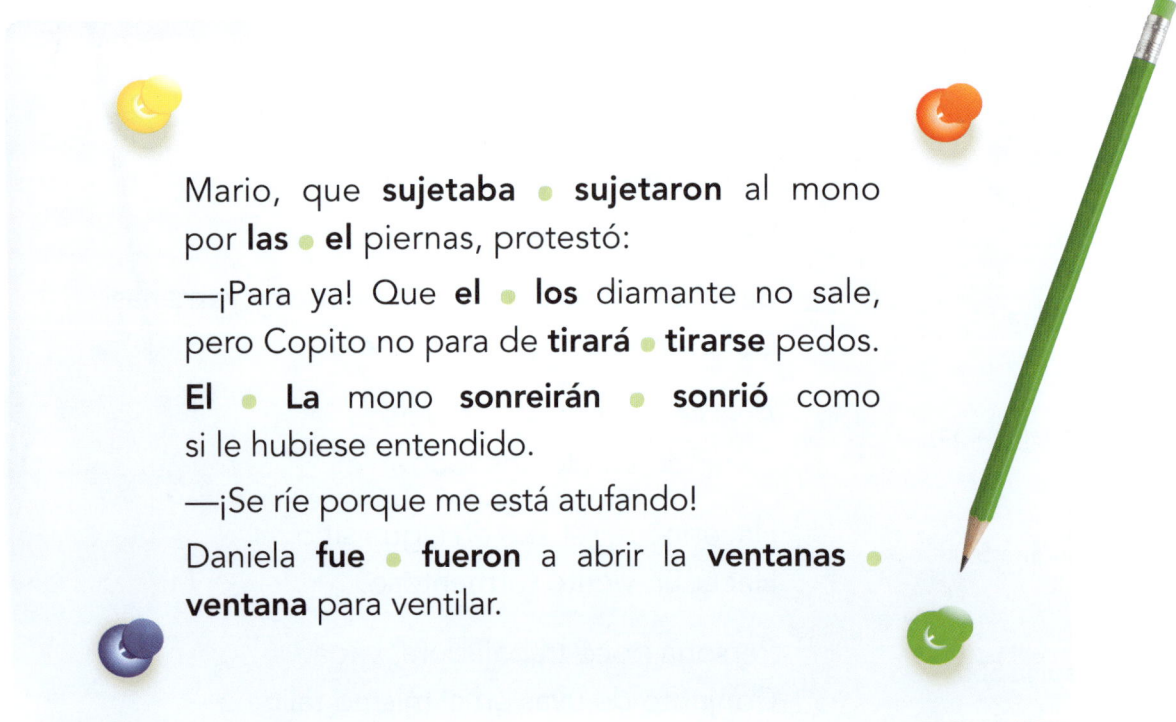

Mario, que **sujetaba** • **sujetaron** al mono por **las** • **el** piernas, protestó:

—¡Para ya! Que **el** • **los** diamante no sale, pero Copito no para de **tirará** • **tirarse** pedos.

El • **La** mono **sonreirán** • **sonrió** como si le hubiese entendido.

—¡Se ríe porque me está atufando!

Daniela **fue** • **fueron** a abrir la **ventanas** • **ventana** para ventilar.

Ponle título

Escribe al lado de cada título el número que se corresponde con las oraciones de abajo.

☐ REMEDIO CONTRA LOS GRITOS

☐ UNA NIÑA PREVISORA

☐ LA AMENAZA

☐ PRISIÓN EN LA COCINA

1 Aurora cogió una comba del cuarto de los balones.

2 Le dieron a Copito un racimo de plátanos y dejó de chillar.

3 Ataron la olla con la comba para que no escapase.

4 ¡O se van o llamo a la policía!

➡ **Escribe el título que más te guste.**

....

➡ **¿Por qué ese es el título que más te ha gustado?**

....

¿Cuántas veces?

Indica el número de veces que aparece repetida cada fruta.
Utiliza solo los ojos para contar.

¿Te adelantas al texto?

Lee este texto en voz alta sustituyendo los números
por las palabras correspondientes.

1 niños

2 cocina

3 racimo

4 plátano

5 chillar

6 cocinera

Al pasar por delante de la **(2)**, a Aurora se le ocurrió pedirle un **(4)** a la **(6)** para ver si conseguían que Copito se callara.

La cocinera no estaba, pero los **(1)** vieron una caja llena de fruta. Cogieron un **(3)** de plátanos y se lo dieron a Copito, que dejó de **(5)** de inmediato.

AUTOEVALUACIÓN

¿Te **adelantas** al texto antes de pronunciarlo?

Valóralo del 1 al 10

1 2 3 4 5 6 7 8 9 10

 # Solo con los ojos

Lee las palabras de cada columna de arriba abajo.

Los	por	un
niños	el	lugar
continuaron	pasillo	donde
arrastando	en	esconder
la	busca	al
mochila	de	monito.

➡ **¿Qué arrastraban por el pasillo?** _____

Lee cada pareja de palabras varias veces fijando la vista en el punto.

aula ● osos	caja ● olla	obra ● aros
patio ● pasillo	idea ● baño	frutas ● comba
comba ● ruedas	cocina ● comba	cartón ● ladrón

➡ **¿Qué palabra se repite tres veces?** _____

Busca las palabras que no se repiten y escríbelas.

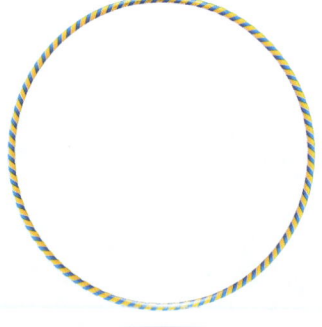

pregunta	mono	curso	pasillo
aula	pasillo	mesa	pregunta
aro	curso	aula	aro
oso	mesa	oso	

comba	teatro	clase	grito
baño	grito	ladrón	comba
olla	jefe	baño	clase
jefe	ladrón	teatro	

➡ **Tacha las palabras que no aparecen en las tablas anteriores.**

aula   arar   hora   pasillo   clase

curso   botella   pregunta   osa   ladrón

Saltar a la comba

Lee con atención estas reglas de juego y realiza las actividades.

1 Dos personas cogen la cuerda por cada uno de sus extremos y la mueven (balanceándola o dando vueltas en el aire).

2 Quienes van a saltar se ponen en fila al lado de una de las personas que dan a la cuerda para entrar a saltar.

3 Si alguien pisa la cuerda al saltar, se pone a dar a la cuerda y uno de los dos que está dando se pone en la fila para saltar.

Mientras se salta la comba es frecuente cantar. Este es un ejemplo de canción:

El cocherito, leré,
me dijo anoche, leré,
que, si quería, leré,
montar en coche, leré.
Y yo le dije, leré,
con gran salero, leré:
—No quiero coche, leré,
que me mareo, leré.

➡ **Indica si las siguientes afirmaciones son verdaderas (V) o falsas (F).**

V F

- El mínimo de personas que participan es 3. ☐ ☐
- La cuerda la cogen dos personas. ☐ ☐
- La persona que salta sale a mitad de la canción. ☐ ☐
- Si alguien pisa la cuerda al saltar, se pone en la fila. ☐ ☐

➡ **¿Qué necesitas para jugar a la comba?**

☐ Un balón. ☐ Una comba.
☐ Un lugar con hierba. ☐ Una red.

➡ **Numera del 1 al 4 las primeras cuatro líneas de la canción para ordenarlas.**

☐ que, si quería, leré, ☐ me dijo anoche, leré,
☐ El cocherito, leré, ☐ montar en coche, leré.

➡ **¿Cuándo se pierde la posibilidad de ponerse en fila para volver a saltar?**

JUEGO 6

¡Empezamos!

Lee el **capítulo 6** y, después, realiza las actividades.

→ **La cocinera pensaba que las asas de la olla las había atado...**

a el mozo que le trae la compra.

b Lisi, su ayudante.

c Juan, un camarero del comedor.

→ **¿Qué pensaba la cocinera sobre el guiso?**

a Que le iba a salir muy rico.

b Que estaba muy soso.

c Que se le había quemado.

→ **¿Qué dijo la cocinera al levantar la tapa?**

a ¡La zanahoria habla!

b ¡Se me han olvidado las patatas!

c ¡El cordero está vivo!

→ **¿A quién pueden atraer los gritos de la cocinera?**

a A los ladrones.

b A las moscas.

c A todos los trabajadores.

→ **¿A dónde se llevaron los ladrones a Copito?**

a Al zoo.

b Al gimnasio.

c A la clase de Mario.

→ **¿Qué metió la maestra en una bolsa de pan?**

a Unas cucharas.

b Un rodillo.

c Un par de bocadillos.

→ **Indica si siguientes afirmaciones son verdaderas (V) o falsas (F).**

	V	F
• Copito se quedó dormido dentro de la olla.	☐	☐
• A la maestra no le gustaban nada los animales.	☐	☐
• La cocinera confundió a Copito con el cordero.	☐	☐
• La cocinera dijo que había visto tres osos verdes.	☐	☐

→ **Numera del 1 al 4 estas situaciones según el orden en que suceden.**

☐ La cocinera dice que algo se movía en la olla.

☐ Todos van al gimnasio para salvar al pequeño mono blanco.

☐ Mario le cuenta a la maestra todo lo que pasa con el mono y los ladrones.

☐ La cocinera empieza a preparar un guiso en una olla con Copito dentro.

→ **¿Qué situación de la historia te ha parecido más graciosa?**

Juega con las palabras

Busca cada palabra en la página indicada del libro. Lee el párrafo en el que está para deducir su significado.

→ **Escribe el número de cada palabra junto a su significado.**

1 **olla** (página 61)

2 **atracón** (página 62)

3 **guiso** (página 62)

4 **posaderas** (página 62)

5 **rescatar** (página 64)

6 **rodillo** (página 65)

7 **pucheritos** (página 66)

☐ Recuperar lo que alguien ha cogido.

☐ Nalgas, culo.

☐ Gestos anteriores al llanto.

☐ Cilindro de madera para estirar la masa.

☐ Recipiente redondo para cocer alimentos.

☐ Efecto de comer y beber en exceso.

☐ Comida cocinada, estofado.

→ **Elige una palabra de la actividad anterior de la que no conocías su significado o te parezca difícil y escribe una oración con ella.**

Palabra: ....

Oración: ....

→ **Rodea el guiso.**

En espejo

Lee este texto en espejo y contesta a las preguntas.

Los gritos de la cocinera se oyeron en todo el colegio. Y los ladrones, que estaban a punto de salir del edificio, corrieron a la cocina.

Mario, Daniela y Aurora se pusieron en pie para ir también a la cocina a salvar a Copito, pero la maestra se lo impidió:

—¡Volved a vuestro sitio! ¡Os he dicho mil veces que no podéis salir de clase sin permiso!

→ **¿Por dónde se oyeron los gritos?**

....

→ **¿A dónde corrieron los ladrones?**

....

→ **¿Qué necesitaban para poder salir de clase?**

....

A ver si recuerdas

Vuelve a leer el texto en espejo de la actividad anterior.

➡ Señala las seis palabras que aparecen en él.

- ☐ gritos
- ☐ bañera
- ☐ colegio
- ☐ ducha
- ☐ cocina
- ☐ piscina

- ☐ cielo
- ☐ maestra
- ☐ estrella
- ☐ clase
- ☐ luna
- ☐ permiso

Sigue las pistas

Lee las pistas y averigua cuál es la olla en la que está escondido Copito.

Pistas

Es verde.   Está sobre un fuego apagado.

Tiene tapa.   Tiene dos asas.

1

2

3

4

5

➡ La olla en la que está oculto Copito es la número ☐

Mensaje secreto

Escribe en cada espacio la letra que corresponda según esté a la izquierda (I) o a la derecha (D) y lee un mensaje.

I		D
M	1	A
R	2	I
O	3	D
E	4	C
Q	5	U
L	6	T
N	7	V
S	8	.

1I 1D 2I 2D 1I 3D 4I 4D 2D 3D 2I 3I 5I 5D 4I

6I 4I 6D 4I 7I 2D 1D 5I 5D 4I 4D 3I 7I 6D 1D 2I

6I 1D 7D 4I 2I 3D 1D 3D 1D 6I 1D 1I 1D 4I 8I 6D 2I 1D

¿Levantas la mirada?

Lee este texto en voz baja. Luego, léelo en voz alta como si presentaras un programa de televisión.

→ Alza los ojos cada vez que encuentres el símbolo

Marisa, la cocinera del colegio, 👁 una señora guapa, gordita, 👁 simpática y algo corta de vista, 👁 empezó a preparar la comida.

👁 Troceó un cordero y a continuación picó un montón de verduras. 👁 Después, se acercó a la olla donde los niños habían escondido a Copito de Algodón 👁 y trató de levantar la tapa. 👁

Al ver que las asas estaban atadas con una cuerda, 👁 pensó que había sido Lisi, su ayudante. 👁

AUTOEVALUACIÓN

Al leer, ¿diriges la **mirada** al auditorio?

Valóralo del 1 al 10 →

1	2	3	4	5	6	7	8	9	10

Solo con los ojos

Lee las palabras de cada etiqueta de un solo golpe de vista.

A Carmen, la maestra, que además de ser

más buena que el pan era una amante de los animales,

se le pusieron los pelos de punta al enterarse

de lo que pretendían los ladrones.

→ **¿Cómo se pusieron los pelos a la maestra?** _____

Lee cada pareja de palabras fijando la vista en el punto.

voz	●	gas		asas	●	tapa		olla	●	tapa
vida	●	tapa		guiso	●	grito		pelos	●	punta
cebolla	●	botella		broma	●	guapa		rodillo	●	pasillo

→ **¿Qué palabra se repite tres veces?** _____

Escribe las palabras que se repiten en cada columna y cuántas veces se repiten.

A
comida
cebolla
cocina
aceite
tomate
puerro
aceite
botella
colegio
cebolla
aceite
cuerda
cebolla
atracón
tomate
maestra

A

B

B
lágrima
permiso
rodillo
pasillo
rodillo
gordito
cordero
zanahoria
permiso
verdad
rodillo
anoche
permiso
amante
cordero
rescate

Batido de fresas y plátanos

Lee las instrucciones para preparar este batido y contesta a las preguntas.

Batido de fresas y plátanos

Elaboración:

1. Lava bien las fresas. Quítales las hojas y trocéalas. Pela y corta los plátanos en rodajas.

Ingredientes:
fresas
plátanos
leche
azúcar

2. Echa la leche en un recipiente con el azúcar y remuévelo todo.

3. Añade la fruta y tritúralo todo con la batidora. Guárdalo en la nevera hasta que lo sirvas.

Consejos:
- Prueba a añadir otras frutas.
- Decóralo con nata.
- Pon una rodaja de plátano o de fresa en el borde.
- Añade una pajita de colores.

➡ **Indica si las siguientes afirmaciones son verdaderas (V) o falsas (F).**

	V	F
Las hojas de las fresas no se quitan.	☐	☐
Los plátanos se pelan y cortan en rodajas.	☐	☐
La fruta se bate antes de echar la leche.	☐	☐
El azúcar se mezcla con la leche.	☐	☐

➡ **Numera del 1 al 4 los pasos para preparar el batido.**

☐ Decóralo antes de servirlo.   ☐ Tritúralo todo en la batidora.

☐ Trocea la fruta.   ☐ Echa el azúcar a la leche.

➡ **¿Qué otros ingredientes puedes utilizar además de los que aparecen en la receta?**

_____

➡ **¿Qué consejo te gusta más para añadir a tu batido?**

_____

➡ **¿Qué paso de la elaboración te parece más complicado?**

_____

Organiza las ideas

Lee este texto.

> El grupo de los grandes simios lo integran el orangután,
> el gorila y el chimpancé.

→ **Identifica en el texto:**

- La idea central: ....
- Los conceptos principales: ....
- Las palabras de enlace: ....

→ **Ahora, completa el mapa conceptual.**

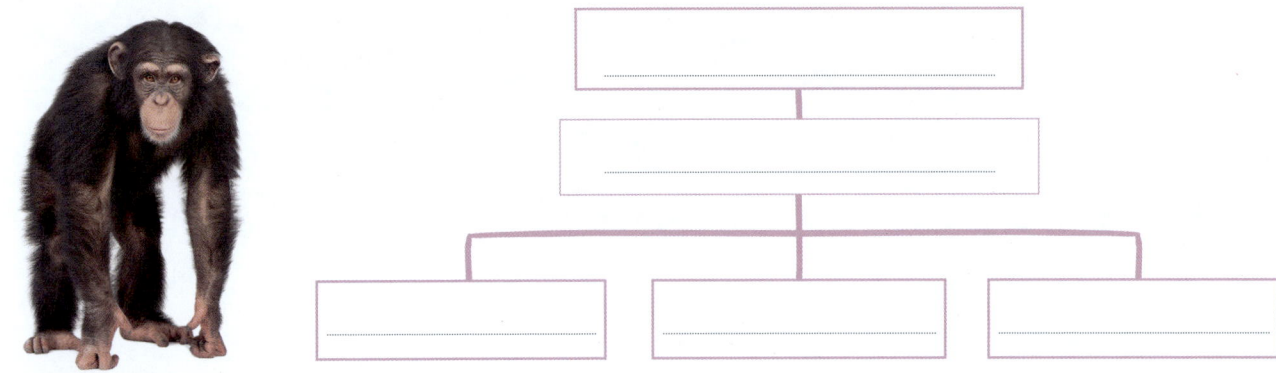

... y al revés.

→ **Escribe el texto que corresponda a las palabras del mapa conceptual.**

....

....

....

Haciendo el mono

Presta atención al texto que vas a escuchar.
Luego, realiza las actividades.

El texto está
en las páginas
44 a 48 del libro

→ **¿Dónde había escondido Daniela las chuches?**

a En un bolsillo de su pantalón.
b En un compartimento de su mochila.
c En un pequeño bolso.

→ **¿Por qué gritó el monito?**

a Porque Daniela lo pellizcó.
b Porque quería más plátanos.
c Siempre gritaba a esa hora.

→ **¿Por qué gritó Daniela?**

a Para avisar a la policía.
b Porque el mono había desaparecido.
c Porque el mono le mordió.

→ **¿Qué le dio Aurora al mono para que se callase?**

a Dos cacahuetes.
b Tres caramelos.
c Un chocolate con churros.

→ **Señala las dos afirmaciones que son verdaderas.**

☐ El mono se volvió solo al zoológico.

☐ El mono se comió las chuches de Daniela.

☐ La maestra premió a los niños con más tiempo de recreo.

☐ El mono mordió en la mano a Daniela.

→ **Relaciona cada personaje con la frase que dice.**

Mario •   • ¡Dejad de ver esas boberías y leed!

Daniela •   • En la tele hay un concurso nuevo.

Maestra •   • ¡¡¡Aaaayyyyy!!!

→ **¿Por qué castiga la maestra a la clase sin recreo?**

....

....

→ **Puntúa del 1 al 5 las forma de actuar de los personajes de la historia.**
 (1 muy mal - 5 muy bien).

☐ Marisa, la cocinera.   ☐ Daniela.   ☐ Copito.

☐ Niños de la clase.   ☐ Carmen, la maestra.   ☐ Mario.

→ **Inventa un nuevo título para el texto que has escuchado.**

....

JUEGO 7

LEE EN SILENCIO

Puedes consultar el libro las veces que lo necesites

¡Empezamos!

Lee el **capítulo 7** y, después, contesta a las preguntas.

→ **Los ladrones ataron a Copito...**

a   a la canasta de baloncesto.
b   a la portería de balonmano.
c   a la verja del colegio.

→ **¿Qué le prometió Huevo Duro a Copito si dejaba de gritar?**

a   Una piruleta.
b   Una bolsa de patatas.
c   Una jaula nueva.

→ **A un ladrón se le ocurre amordazar al mono...**

a   con su camiseta.
b   con una bandera del colegio.
c   con sus calzoncillos.

→ **¿Qué estudios no acabó Huevo Duro?**

a   Los de cirujano.
b   Los de Secundaria.
c   Los de Primaria.

→ **¿Qué le tiró la maestra a Palo Tieso?**

a   Un zapato.
b   La bolsa con el rodillo.
c   Un balón de baloncesto.

→ **¿Con qué apuntó Palo Tieso a la maestra?**

a   Con una pistola de juguete.
b   Con un palo de escoba.
c   Con una escopeta de verdad.

→ **¿Cuánto tiempo piden los ladrones antes de llamar a la Policía?**

a   Media hora.
b   Cinco minutos.
c   Una hora.

→ **¿Qué hicieron todos los niños con los ladrones?**

a   Echarse encima de ellos y derribarlos.
b   Pedirles que se fueran.
c   Invitarlos a chuches.

→ **¿Quién llamó a la Policía?**

a   Copito.
b   La cocinera.
c   El conserje del colegio.

→ **¿Qué medalla les prometió el comisario?**

a   La de los juegos olímpicos.
b   La medalla al mérito civil.
c   Una de plástico.

→ **¿Qué coche entró en el patio del colegio?**

a   Una enorme limusina.
b   Uno eléctrico, muy pequeño.
c   Un camión de bomberos.

→ **¿Quién bajó del coche?**

a   La madre de Copito.
b   El director del colegio.
c   Cayetana Aspís, la dueña del diamante.

→ **¿Qué medicamento llevó la Policía?**

a   Un jarabe para la tos.
b   Unos laxantes extrafuertes.
c   Unos laxantes muy suaves.

→ **¿Para qué sirven los laxantes?**

a   Para abrir el apetito.
b   Para hacer caca.
c   Para hacer pis.

Juega con las palabras

Busca cada palabra en la página indicada del libro. Lee el párrafo en el que está para deducir su significado.

➡ **Escribe el número de cada palabra junto a su significado.**

1	**batiente** (página 70)	⬜ Valorar atentamente una decisión antes de tomarla.
2	**colleja** (página 72)	⬜ Automóvil lujoso de gran tamaño.
3	**deliberar** (página 76)	⬜ Policía de rango superior.
4	**paciencia** (página 76)	⬜ Tipo de puerta que se abre hacia dentro y hacia fuera.
5	**medalla** (página 83)	⬜ Facultad de saber esperar cuando algo se desea mucho.
6	**comisario** (página 83)	⬜ Golpe dado con el codo.
7	**limusina** (página 84)	⬜ Golpe en la nuca con la palma de la mano.
8	**codazo** (página 86)	⬜ Distinción, premio por algo realizado.

➡ **Elige una palabra del ejercicio anterior de la que no conocías su significado o te parezca difícil. Escribe una oración con ella.**

....

....

➡ **Señala la oración en la que la palabra resaltada se utiliza correctamente.**

⬜ Era muy **batiente,** nada le daba miedo.

⬜ Me dio un **codazo** en las costillas sin querer, que me hizo ver las estrellas.

⬜ Para que te atendieran, había que ponerse en la fila y **deliberar.**

➡ **Escribe debajo de cada viñeta, la palabra del ejercicio anterior que corresponda.**

....

En clave

Lee el texto y elige las dos palabras que consideres más importantes para resumirlo.

> En el momento en el que el ladrón se disponía a cortar, Carmen hizo girar a toda velocidad la bolsa del pan, con el rodillo dentro, y la lanzó a la mano de Palo Tieso.

➡ **Escribe un resumen del texto sin leerlo de nuevo y utilizando las dos palabras clave.**

....

....

....

¿Qué falta?

Completa esta tabla con los nombres y los verbos que faltan.

Nombres	Verbos
orden	
	gritar
regalo	
	dañar
título	
	castigar

➡ **Forma dos oraciones con algunas de las palabras.**

1 ....

2 ....

¡Mucha atención!

Rodea la foto que no se repite.

¿Cómo es tu entonación?

Lee en voz alta las siguientes oraciones, cada vez con una de las cuatro entonaciones del recuadro.

pregunta • exclamación • enfado • pena

Los ladrones acaban de llegar.
Tu mamá te ha regalado los calzoncillos.
Este bicho se ha tragado un diamante.

Autoevaluación

¿Utilizas la entonación adecuada?

Valóralo del 1 al 10 → | 1 | 2 | 3 | 4 | 5 | 6 | 7 | 8 | 9 | 10 |

Solo con los ojos

Lee las palabras de cada etiqueta de un solo golpe de vista.

Diez coches · patrulla de · la Policía Nacional · aparcaron · en el patio. · Todas las · maestras y los maestros · del colegio · salieron a ver · qué ocurría. · Ni que decir · tiene que · sus alumnos · los siguieron.

➤ **¿Cuántos coches de policía llegaron?**

....

....

Lee cada pareja de palabras fijando la vista en el punto.

pie ● voz	tripa ● grito	suelo ● euro
mono ● mimo	bolsa ● bolas	trato ● tripa
broma ● tripa	grupo ● pared	miedo ● rodillo

➤ **¿Qué palabra se repite tres veces?** ....

¿Cuántas veces está repetida la primera palabra de cada serie?

cara	para, rara, cara, cera, cura, cada, cara, caja, cala, cama, cana, cara, capa, casa, cara, cata, cava, cara, caza, caro.	☐
pelo	celo, lelo, pelo, palo, peca, pero, pelo, peso, peto, puño, pelo, polo, paso, pelo, pavo, pelo, paro, pato, pelo, pala.	☐
trato	rato, retrato, trato, trote, trato, trole, trola, trato, tato, tramo, trato, atraco, trago, trato, trajo, retraso, trato, trazo, trago, rato.	☐
risa	brisa, risa, guisa, lisa, risa, misa, prisa, risa, pisa, rica, risa, rifa, rima, risa, riña, risa, rasa, rosa, risa, rusa.	☐

Unos consejos de la Policía

Lee esta información y realiza las actividades.

➔ **Indica si cada una de estas afirmaciones es verdadera (V) o falsa (F).**

	V	F
• No hay que desconfiar nunca de nadie.	☐	☐
• Confía siempre en tu familia y en tus profesores.	☐	☐
• Si es para poco rato, puedes subir a cualquier coche.	☐	☐
• Si te pasa algo, avisa a la Policía.	☐	☐

➔ **Señala las cuatro cosas que puedes encontrar en la web infantil de la Policía.**

☐ Videojuegos. ☐ Consejos para el cole. ☐ Recortables.

☐ Concursos. ☐ Películas. ☐ Canciones.

☐ Consejos para un internet seguro. ☐ Cromos y pegatinas.

➔ **De casa al cole es conveniente ir…**

☐ solo. ☐ siempre con tus padres.

☐ en bici o corriendo. ☐ con amigos.

➔ **¿Qué consejo te parece más importante?**

_____

_____

LEE EN SILENCIO

Puedes consultar el libro las veces que lo necesites

 **¡Empezamos!**

Lee el **capítulo 8** y, después, realiza las actividades.

➔ **¿A quién quería dar un laxante la marquesa?**

 a A todos los presentes.

 b A los profesores.

 c Solo a los niños.

➔ **¿Cómo entró el marqués en el salón de actos?**

 a En monopatín.

 b En silla de ruedas.

 c En bicicleta.

➔ **¿Dónde tiró el diamante la cocinera?**

 a A una papelera.

 b A la calle, desde la ventana.

 c Al contenedor de basura del patio.

➔ **¿Qué le pasó a la marquesa en el contenedor?**

 a Que encontró dos diamantes.

 b Que no encontró ningún diamante.

 c Que se cayó dentro.

➔ **Numera del 1 al 4 estas situaciones según el orden en el suceden.**

 ☐ La marquesa se cae dentro del contenedor.

 ☐ El marqués llega al salón de actos.

 ☐ Les dan laxantes a Copito y a los ladrones.

 ☐ La cocinera dice que ha tirado el guiso, con el diamante dentro, al contenedor.

➔ **Indica si cada una de estas afirmaciones es una opinión (O) o un hecho (H).**

	O	H
• Colocaron al mono en el escenario, sentado en un orinal.	☐	☐
• Mario cree que Copito, con tanta gente mirando, tenía vergüenza.	☐	☐
• La cocinera confunde el diamante con un pedrusco y lo tira.	☐	☐
• La marquesa piensa que algún profesor se ha tragado el diamante.	☐	☐

➔ **Señala las situaciones de la historia que te hayan parecido más divertidas.**

 ☐ Copito sentado en el orinal.

 ☐ Los ladrones después de tomar el laxante.

 ☐ La marquesa pidiendo que diesen laxantes a todos.

 ☐ La marquesa dentro del contenedor de la basura.

Juega con las palabras

Busca cada palabra en la página indicada del libro.
Lee el párrafo en el que está para deducir su significado.

→ **Escribe el número de cada palabra junto a su significado.**

1 **orinal** (página 88)

2 **prensa** (página 90)

3 **enojado** (página 92)

4 **pedrusco** (página 96)

5 **equilibrio** (página 97)

6 **triunfal** (página 99)

7 **recochineo** (página 99)

☐ Enfadado, molesto por algo.

☐ Relativo al éxito.

☐ Recipiente para recoger excrementos humanos.

☐ Situación de un cuerpo que se mantiene sin caerse.

☐ Burla o ironía molesta.

☐ Pedazo de piedra sin labrar.

☐ Conjunto de personas dedicadas al periodismo.

→ **Elige una palabra del ejercicio anterior de la que no conocías su significado o te pareza difícil. Escribe una oración con ella.**

....

....

Texto partido

Lee este texto que se ha cortado. Después, contesta a las preguntas.

> Dos agentes de policía sacaron a la marquesa del contenedor tirándole
> de las piernas. Apareció Cayetana, con el pelo enredado en cáscaras
> de plátano y trozos de tomate. Se plantó delante de las cámaras, mostró
> triunfal su diamante y gritó: ¡LO CONSEGUÍ!
>
> Las imágenes de este momento glorioso dieron la vuelta al mundo, y el
> recochineo duró meses en las redes sociales.

→ **¿Cómo sacaron los policías a la marquesa del contenedor?**

....

→ **¿Qué enseñó la marquesa a las cámaras?** ....

→ **¿Qué causaron las imágenes?** ....

A ver si recuerdas

Recuerda el texto de la actividad anterior. Fíjate bien en los dibujos y ordénalos según aparecen en él.

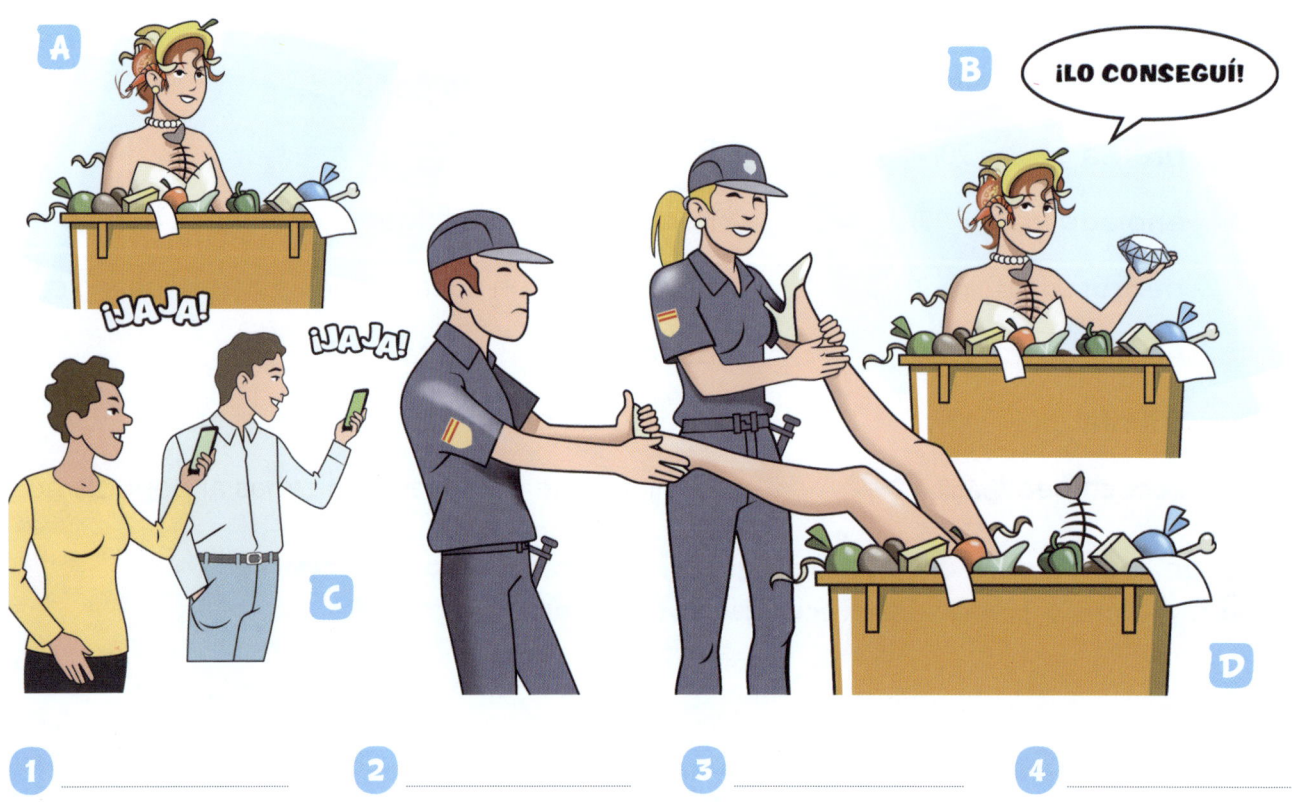

1 _____ 2 _____ 3 _____ 4 _____

➡ Cuenta la historia a tus compañeros y compañeras sin olvidar ningún detalle.

Un recorrido

Dibuja en el mapa el recorrido que se indica.

➡ Colócate en el punto de salida, y avanza los cuadros que se indican:

Indicaciones
1 cuadro hacia el norte.
3 cuadros hacia el este.
2 cuadros hacia el norte.
4 cuadros hacia el oeste.
3 cuadros hacia el norte.
2 cuadros hacia el este.
2 cuadros hacia el norte.

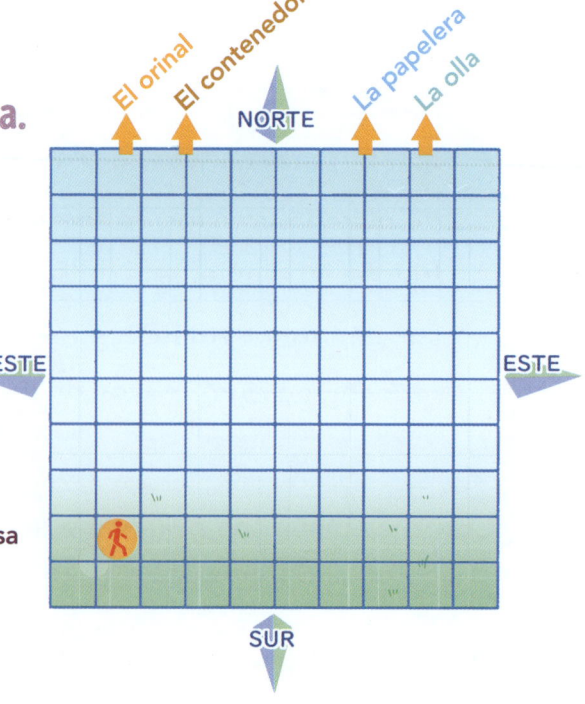

➡ ¿Qué ha encontrado la marquesa? _____

¡Atención a las fotos!

Fíjate en el primer cuadro.

→ Escribe el número del objeto que falta en los siguientes recuadros.

¿Cómo lees?

Lee este texto subiendo o bajando la entonación en la dirección que indique cada flecha.

Después de administrarles el laxante,↑ colocaron a los ladrones,↑ cada uno en su orinal,↑ detrás de la cortina del escenario,↑ y esperaron a que les hiciera efecto.↓

El público,↑ y los niños en especial,↑ esperaron ansiosos y en silencio durante casi media hora.↓ Y al oír «prrrrr»,↑ se deshicieron en aplausos.↓

Pero el diamante tampoco apareció.↓ La marquesa,↑ cada vez más nerviosa,↑ gritó:↓

—¡Seguro que se lo ha tragado algún profesor!↑

—¡Señora!↑ ¡No consiento que calumnie a mis profesores!↑ —dijo la directora del colegio.↓

AuToEVaLUaCióN

¿Haces las **pausas** correctamente y con naturalidad?

Valóralo del 1 al 10 →

Solo con los ojos

Lee el texto intentando abarcar cada línea en un solo golpe de vista.

Dijo
que sí
con la
cabeza
y fingió que
se secaba las
lágrimas. Si su
cliente lloraba
delante de las
cámaras él no
iba a ser
menos.

→ **¿Qué fingió que se secaba?**

_____

Lee varias veces cada pareja de palabras fijando la vista en el punto.

llave ● salón	salón ● suelo	salón ● salto
cortina ● policía	mundo ● euros	guiso ● grito
prensa ● melena	regalo ● amado	basura ● rueda

 → **Qué palabra está tres veces?** _____

Lee el texto número 1.

 → **Subraya en el texto 2 las palabras que han cambiado.**

1

En ese momento golpearon insistentemente la puerta del salón de actos. El comisario ordenó que abrieran. Y entró el marqués Van Dido Di Monti acompañado de un enfermero que empujaba su silla de ruedas.
—Ji, ji, ji. He visto por la tele que están dando laxantes a todo el mundo... ¡Y no quería perdérmelo! Ji, ji.

2

En ese instante golpearon insistentemente la entrada del salón de actos. El policía ordenó que abrieran. Y llegó el marqués Van Dido Di Monti seguido de un cuidador que empujaba su asiento de ruedas.
—Ji, ji, ji. He visto por la televisión que están repartiendo laxantes a todo el mundo... ¡Y no quería estropearlo! Ji, ji.

Consejos para reciclar

Lee la información de este texto y realiza las actividades.

¿Cómo reciclar correctamente?

Antes de reciclar, tienes que separar. Después, podrás depositar cada residuo en el contenedor que le corresponde.

Contenedor AMARILLO: envases de plástico, latas y tetrabriks.

Contenedor AZUL: papeles y cartones. **NO** eches en él los tetrabriks (van al amarillo).

Contenedor VERDE: vidrios sin los tapones de las botellas. Recuerda que el vidrio no es cristal. **NO** eches en él bombillas u otros cristales (llévalos a un punto limpio).

Contenedor MARRÓN: residuos orgánicos (restos de comida y del jardín).

➔ **Señala si las siguientes afirmaciones son verdaderas (V) o falsas (F).**

	V	F
Es mejor separar la basura junto a los contenedores.	☐	☐
Las botellas de vidrio se echan con el tapón puesto.	☐	☐
El cristal se lleva a un punto limpio.	☐	☐
Los restos de comida se echan en el contenedor marrón.	☐	☐

➔ **Indica los dos errores que se suelen cometer al reciclar.**

☐ Echar una botella en el contenedor verde.

☐ Utilizar el contenedor azul para los tetrabriks.

☐ Echar cristal en el contenedor verde de vidrio.

☐ Usar el contenedor marrón para las hojas de los árboles.

➔ **Relaciona cada residuo con el contenedor que le corresponde.**

Una botella de vidrio. •   • Amarillo

La cáscara de una naranja. •   • Azul

Una caja de cartón. •   • Verde

Un tetrabrik de leche. •   • Marrón

➔ **¿Has descubierto alguna información que no sabías? ¿Cuál?**

➔ **¿Qué tipo de texto es el que acabas de leer?**

☐ Histórico.   ☐ Periodístico.   ☐ Informativo.   ☐ Narrativo.

LEE EN SILENCIO

Puedes consultar el libro las veces que lo necesites

¡Empezamos!

Lee el epílogo. Después, realiza las actividades.

➡ **Indica si estas afirmaciones son verdaderas (V) o falsas (F).**

		V	F
1	La maestra pidió a los niños que sacasen el libro de Lengua.	☐	☐
2	El monito se columpió en la lámpara.	☐	☐
3	El director del zoológico entró en el aula.	☐	☐
4	El director del zoo se enfadó con los niños por haber puesto en peligro al mono.	☐	☐
5	A la maestra le pareció bien que Copito se quedase en clase para siempre.	☐	☐
6	El director afirmó que Copito prefería vivir en el zoo.	☐	☐
7	El director aseguró que entendía el lenguaje de los monos.	☐	☐
8	Según el director, a Copito le gustaban más las chuches que la fruta.	☐	☐
9	Los niños no se creían las mentirijillas del director.	☐	☐
10	Como recompensa, los niños podrán ir gratis al zoo todo el año.	☐	☐

➡ **Numera del 1 al 4 estas situaciones según el orden en el que suceden.**

☐ El director felicita a los niños y los invita gratis al zoo todo el año.

☐ El director dice a los niños que Copito prefiere vivir en el zoo.

☐ El director del zoo acude al colegio para llevarse a Copito.

☐ Los niños quieren que Copito se quede con ellos.

➡ **Señala los personajes que quieren que Copito vuelva al zoológico.**

☐ El director del zoo.　　☐ Los niños y las niñas de la clase.　　☐ La maestra.

➡ **Si Copito pudiese elegir, ¿qué crees que le gustaría hacer?**

☐ Quedarse en clase con los niños.　　☐ Volver al zoológico.　　☐ Ir a vivir a la selva.

➡ **Compara tu respuesta con el resto de la clase y explica tu elección.**

....

....

Juega con las palabras

Busca cada palabra en la página indicada del libro. Lee el párrafo en el que está para deducir su significado.

➡ **Escribe al lado de cada palabra el número de la frase que la explica.**

1 Mentiras que se cuentan con un buen fin.

2 Convirtió un mensaje en otra lengua distinta.

3 Que no cuesta dinero.

4 Aparato que da luz artificial.

5 Cooperación, auxilio o asistencia.

6 Facultad de comunicarse con los demás.

7 Habitación destinada a una actividad profesional.

8 Premio por un favor o mérito.

☐ **lámpara** (página 101)

☐ **despacho** (página 101)

☐ **ayuda** (página 101)

☐ **recompensa** (página 101)

☐ **gratis** (página 102)

☐ **tradujo** (página 104)

☐ **lenguaje** (página 104)

☐ **mentirijillas** (página 105)

➡ **Elige una palabra del ejercicio anterior de la que no conocías su significado o te parezca difícil. Escribe una oración con ella.**

....

....

➡ **Señala la oración en la que la palabra resaltada se utiliza correctamente.**

☐ **Tradujo** la salsa en el fuego, dejándola muy espesa.

☐ El dentista le aplicó un **lenguaje** para limpiar la boca.

☐ Obtuvo una **recompensa** por su esfuerzo ganando la carrera.

➡ **Escribe debajo de cada viñeta, la palabra del ejercicio anterior que corresponda.**

....

¡Sigue la pista!

Lee las pistas y averigua cuál de estos monos es Copito.

Tiene el pelo blanco,

Está comiendo una piruleta.

Tiene los ojos azules.

Enseña un diamante.

Pistas

① ② ③ ④ ⑤

→ **Copito es el número:** _____

Al completo

Completa el texto escribiendo los números de las frases en los lugares adecuados.

¡Fíjate en el ejemplo!

1 **trabajar un poco**
2 **de sus alumnos,**
3 **mesa a otra**
4 **en una silla**
5 **se han ido todos**
6 **el libro de**

Una hora después, Carmen, seguida **2** volvió al aula con Copito de Algodón en brazos.

Sentó al monito ☐ y dijo:

—Ahora que ☐, vamos a aprovechar para ☐. Sacad ☐ Matemáticas.

El monito comenzó a saltar de una ☐.

¡Mucha atención!

Busca y escribe lo antes posible el número del 1 al 9 que falta en cada hoja del libro de Matemáticas.

2563	2431
1378	7096
9251	4592
7023	6319

4783	1564
6970	3498
1248	7380
3972	4751

Número: ☐   Número: ☐   Número: ☐   Número: ☐

¡Recordad las habilidades que habéis trabajado!

¡Os toca!

Preparad este texto para leerlo en voz alta en grupos de tres.

DIRECTOR	Le estoy muy agradecido por haber salvado a Copito de Algodón.
MAESTRA	Ha sido con ayuda de mis niños.
DIRECTOR	¡Pues os lo agradezco mucho, pequeños!
DANIELA	¡Que Copito de Algodón se quede en el colegio!
MAESTRA	¡Será mejor que no! Que bastante tengo con cuidar de vosotros.
DANIELA	Copito se quiere quedar con nosotros en el colegio.
MAESTRA	No lo quiera Dios.
DIRECTOR	Lo que ha dicho Copito es que prefiere vivir en el zoo.
DANIELA	¿Y usted cómo sabe lo que ha dicho?
DIRECTOR	Porque entiendo el lenguaje de los monos.
DANIELA	¡Pues le llevaremos muchas chuches!

AUTOEVALUACIÓN

Evalúa del 1 al 10 las **habilidades lectoras** representadas en la tabla.

Valóralo del 1 al 10

1 2 3 4 5 6 7 8 9 10

Postura ☐	Mirada ☐	Velocidad ☐	Entonación ☐	Volumen ☐

Solo con los ojos

Lee las palabras de cada etiqueta de un solo golpe de vista.

El director · dice que · entiende · el lenguaje · de los monos,

pero no · es verdad. · ¡A Copito · le encantan · las chuches!

Los mayores · piensan que · nos creemos · sus mentirijillas.

Bueno, · da igual. · Nos lo hemos · pasado genial.

➜ ¿Qué piensan los mayores que nos creemos? ....

Lee varias veces cada pareja de palabras fijando la vista en el punto.

aula	●	silla		rato	●	risa		zoo	●	año
mesa	●	niños		gratis	●	frutas		clase	●	gratis
ayuda	●	gratis		verdad	●	genial		chuche	●	cuerda

➜ ¿Qué palabra está tres veces? ....

Busca en la columna las respuestas.

hora	156	grito	512
aula	426	lámpara	276
alumno	200	mirada	765
brazo	385	vivir	427
libro	530	director	354
pronto	723	árbol	867
mono	254	estanque	631
salto	845	amigo	178
clase	672	director	983
despacho	921	lenguaje	528
hospital	100	chuche	379
colegio	143	fruta	716
maestra	498	cocina	841
visitar	244	susurro	952
gratis	688	mochila	190

a) **Escribe el número que corresponde a cada palabra:**

gratis: ....   brazo: ....

árbol: ....   director: ....

hospital: ....   mochila: ....

b) **Escribe la palabra que corresponde a cada número.**

427: ....

716: ....

426: ....

530: ....

254: ....

512: ....

La ficha de un libro

Lee la información de la ficha de este libro y realiza las actividades.

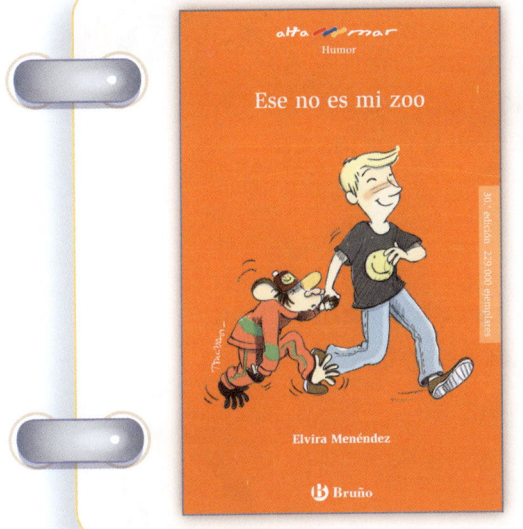

Ese no es mi zoo

Autora: Elvira Menéndez
Ilustradora: M.ª Luisa Torcida
Precio: 9,45 €

Páginas: 128
Editorial: Bruño
Género: Humor

Recomendada a partir de 8 años

Sinopsis: Con la mejor intención, Marta, Pablo y Antonio «secuestran» a un simpático mono del zoo para llevarlo al «zoológico» de los hombres: la ciudad. Las peripecias que viven los cuatro convierten esta historia en una auténtica carcajada.

La autora: Con más de 30 libros publicados, Elvira Menéndez simultanea el trabajo de actriz y el de escritora con muchas otras facetas: publicidad, teatro, guiones de televisión...

➡ **Indica si cada una de estas afirmaciones es verdadera (V) o falsa (F).**

	V	F
• La autora se llama María Luisa Torcida.	☐	☐
• Su lectura está recomendada a partir de los 8 años.	☐	☐
• Su precio es de 8,45 euros.	☐	☐
• El libro cuenta una historia de humor.	☐	☐

➡ **Señala las informaciones que describen a la autora.**

☐ Se llama Elvira.　　☐ Ha escrito unos 10 libros.　　☐ Se llama Carmen.

☐ Es actriz.　　☐ Ha trabajado en publicidad.　　☐ Es médica.

☐ Ha escrito más de 30 libros.　　☐ Escribe guiones de televisión.

➡ **¿Cómo llaman en la historia al zoológico de los hombres?**

☐ Pueblo.　　☐ Ciudad.　　☐ Casa.　　☐ País.

➡ **¿Por qué crees que lo llaman así?**

....

....

➡ **¿Crees que es útil consultar la ficha de un libro antes de leerlo? ¿Por qué?**

....

....

# Organiza las ideas

Lee este texto.

> En los zoológicos los animales se cuidan, se crían y se exhiben. Los animales están organizados por regiones geográficas, por el parentesco entre especies y por las características del entorno.

➡ **Rodea con un círculo rojo el concepto central; con círculos azules, los conceptos principales y con círculos verdes, otros conceptos. Subraya las palabras de enlace.**

➡ **Completa con estas ideas el mapa conceptual.**

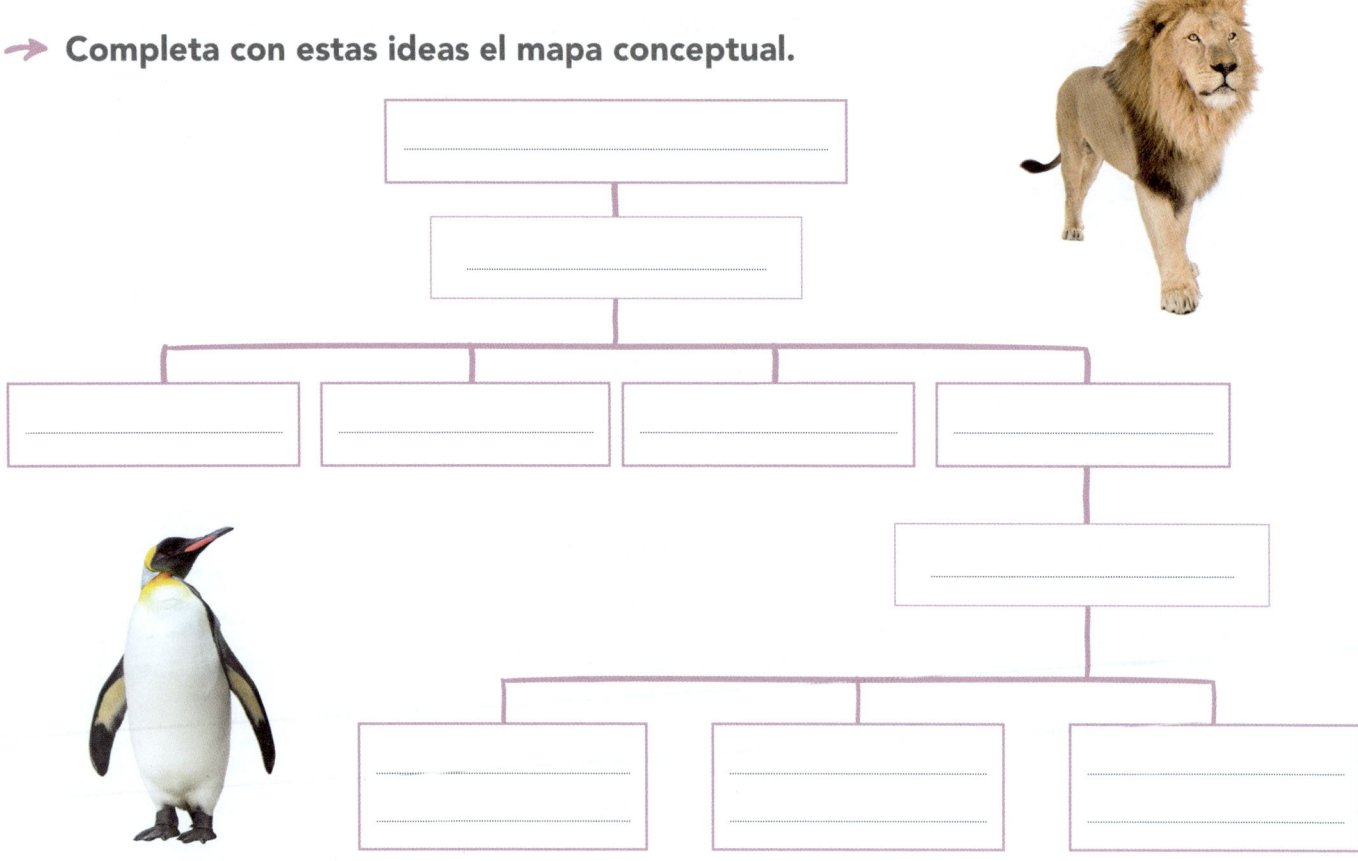

... y al revés

➡ **Leyendo solo el mapa conceptual, intenta reconstruir el texto con tus palabras.**

¡Salvad al mono!

Presta mucha atención al texto que vas a escuchar. Luego, realiza las actividades.

El texto está en las páginas 68 a 73 del libro

→ **¿Cómo se rompió el disfraz Carambolo?**
a Al salir del coche.
b Se enganchó con una puerta.
c Al saltar la valla del colegio.

→ **¿Cuánto costaba el diamante que se tragó Copito?**
a Un millón de euros.
b Medio millón de euros.
c Cien mil euros.

→ **¿Quiénes entraron en el gimnasio?**
a Solo los alumnos.
b La maestra con sus 25 alumnos.
c La maestra y la cocinera.

→ **¿Qué le gritaron los niños a la maestra cuando lanzó el rodillo?**
a ¡Qué desastre, profe!
b ¡Bravo, profe! ¡BIEEEN!
c ¡Tiene que practicar más, profe!

→ **Marca con una cruz las dos afirmaciones que son verdaderas.**

☐ Carambolo no se puede quitar el calzoncillo porque tiene roto el disfraz.

☐ La maestra y los niños salen huyendo del colegio.

☐ Los ladrones abren la tripa del mono y recuperan el diamante.

☐ Palo Tieso ordena a Huevo Duro que le abra la tripa al mono.

→ **Relaciona cada frase con el personaje que la dice.**

¡Que te quites los calzoncillos de una vez! •　　　• Maestra

No… puedo…, jefe. •　　　• Niños

¡Altooo! ¡No se atreva a hacerle daño a ese mono! •　　　• Carambolo

¡ES NUESTRO AMIGO! •　　　• Palo Tieso

→ **Numera del 1 al 4 estas situaciones según el orden en el que suceden.**

☐ La maestra y los alumnos entran en el gimnasio.

☐ Los ladrones no pueden hacer callar al mono.

☐ La maestra lanza la bolsa con el rodillo a la mano de Palo Tieso.

☐ La maestra amenaza a los ladrones.

→ **Inventa un nuevo título para el texto que has escuchado.**

....

....

En la realización de esta obra han intervenido:

Asesoría
Carlos Álvarez de Eulate

Edición
Amparo Moreno Gullón y Belén Díez Pacheco

Diseño gráfico
Cristóbal Gutiérrez Camacho

Ilustración
Luis Tobalina

Fotografía
123RF y colaboradores e iStock

Maquetación
Juan Pablo Mora

Los **audios** para «Escucho y Comprendo» (páginas 23, 43 y 63) están disponibles en

Las actividades de este cuaderno, que se basan en el libro *El robo del diamante,* de Elvira Menéndez, publicado por el Grupo Editorial Bruño en su colección «Altamar», están elaborados de acuerdo con los criterios psicopedagógicos y los requerimientos del Proyecto Editorial de **Juegos de Lectura - Lectura Eficaz.**

La denominación **Juegos de Lectura - Lectura Eficaz** (distintivo con gráfico) está registrada a nombre de Grupo Editorial Bruño, S. L. (marca M1567099).

© del texto: Grupo Editorial Bruño, S. L., 2024
© de esta edición: Grupo Editorial Bruño, S. L., 2024
   Valentín Beato, 21
   28037 Madrid

ISBN: 978-84-696-3565-0
Depósito legal: M-286-2024
Printed in Spain